योग मार्ग

भीतर के दिव्यत्व को अनुभव करने की यात्रा

डॉ. मीनाक्षी बंसल

|| समस्त संसार के ज्ञान-प्रेमियों को समर्पित ||

जो सत्य की खोज में, ज्ञान की राह पर अग्रसर हैं।
जिनकी जिज्ञासा कभी थमती नहीं, और जिनका उद्देश्य केवल आत्मविकास ही नहीं, बल्कि संसार के कल्याण का भी है—यह कृति उन सभी साधकों को सादर अर्पित है।

क्रम-सूची

क्रम-सूची

क्रम-सूची

प्रार्थना

ॐ भद्रं कर्णेभिः श्रृणुयाम देवाः।
भद्रं पश्येमाक्षभिर्यजत्राः।
स्थिरैरंगैस्तुष्टुवांसस्तनूभिः।
व्यशेम देवहितं यदायुः।
स्वस्ति न इंद्रो वृद्धश्रवाः।
स्वस्ति नः पूषा विश्ववेदाः।
स्वस्ति नस्ताक्ष्र्यो अरिष्टनेमिः।
स्वस्ति नो बृहस्पतिर्दधातु।
ॐ शांतिः शांतिः शांतिः।

यह मंत्र सार्वभौमिक कल्याण के लिए प्रार्थना है। इसमें विभिन्न देवताओं से सुरक्षा, स्वास्थ्य और सुख के लिए आशीर्वाद की याचना की गई है। यह मंत्र सभी इंद्रियों से शुभ का अनुभव करने और दिव्य उद्देश्य के साथ जीवन जीने के महत्व को रेखांकित करता है।

इंद्र, पूषा, ताक्ष्र्य (गरुड़) और बृहस्पति की कृपा से यह प्रार्थना जीवन में कल्याण और शांति की कामना करती है। अंत में "ॐ शांतिः शांतिः शांतिः" तीन बार दोहराने का अर्थ है - व्यक्तिगत, पर्यावरणीय, और वैश्विक स्तर पर शांति की गहन कामना। यह मंत्र शांति, समृद्धि और सभी प्राणियों के शारीरिक एवं आध्यात्मिक कल्याण के लिए पाठ किया जाता है।

लेखिका के बारे में

डॉ. मीनाक्षी बंसल, जो भारत की राजधानी दिल्ली में जन्मीं, ने अपनी ज़िंदगी कला, शिक्षा, और समाज कल्याण के प्रति गहरी प्रतिबद्धता के साथ बिताई है। विवाह के बाद, उन्होंने अहमदाबाद, गुजरात को अपना नया निवास स्थान बनाया, जहाँ वे प्रेरणा का स्रोत बनकर उभरीं। डॉ. मीनाक्षी न केवल ललित कला की कुशल कलाकार हैं, बल्कि एक प्रतिष्ठित लेखिका, समर्पित समाजसेविका और मनोविज्ञान की विद्वान शोधकर्ता भी हैं। उनका जीवन, विशेष रूप से समाज के वंचित और पिछड़े बच्चों के उत्थान के प्रति समर्पण, सहभागिता और सहानुभूति की शक्ति में उनके गहरे विश्वास का परिचायक है।

अपने प्रारंभिक दिनों से ही मीनाक्षी ने पढ़ने के प्रति एक अदम्य लगन दिखाई। उनके साहित्यिक संसार में नैतिक कहानियाँ, प्रेरणादायक कथाएँ, और जीवन पाठों से परिपूर्ण पौराणिक गाथाएँ शामिल थीं। यह पढ़ने की आदत केवल व्यक्तिगत विकास के लिए नहीं थी, बल्कि छात्रों और सहकर्मियों के विकास के लिए इन कहानियों के सार को साझा करने की इच्छा से प्रेरित थी। वे विशेष रूप से आदि शंकराचार्य, स्वामी विवेकानंद, डॉ. एपीजे अब्दुल कलाम, महामना पंडित मदन मोहन मालवीय, महात्मा गांधी, सरदार वल्लभभाई पटेल, और विनोबा भावे जैसे ऐतिहासिक और आध्यात्मिक नेताओं के जीवन और शिक्षाओं से प्रभावित थीं। उनके विचार और जीवन कथाएँ मीनाक्षी को दृढ़ता, निःस्वार्थता और ज्ञान की खोज के आदर्शों को अपनाने के लिए प्रेरित करती रहीं।

डॉ. मीनाक्षी का मनोविज्ञान में शैक्षणिक और व्यावहारिक योगदान भी उल्लेखनीय है। एक शोधकर्ता के रूप में, उनका ध्यान मानव मन की जटिलता को समझने और मनोवैज्ञानिक कल्याण और सामाजिक समरसता के लिए संभावनाओं को उजागर करने पर केंद्रित रहा है। उनके सामाजिक कार्यों में, वे अपने अकादमिक ज्ञान को समाज के वंचित वर्गों के जीवन में वास्तविक परिवर्तन लाने के लिए उपयोग करती हैं। उनका समाज सेवा का दृष्टिकोण पारंपरिक ज्ञान और आधुनिक मनोवैज्ञानिक पद्धतियों का अनूठा संयोजन है, जो समाज के बहुआयामी मुद्दों का समाधान करता है।

उनकी कलात्मक प्रतिभाएँ, जो उनके विविध कौशल का एक और पहलू हैं, केवल व्यक्तिगत रुचि तक सीमित नहीं हैं। उनकी कला प्रतीकात्मकता और भावनात्मक गहराई से भरपूर होती है, जो उनके दार्शनिक विचारों और सामाजिक चिंताओं को व्यक्त करती है। उनकी रचनाएँ दर्शकों को उनके बुद्धिमत्ता और करुणा की गहराई में झांकने का अवसर प्रदान करती हैं।

कला और समाज विज्ञान के अतिरिक्त, डॉ. मीनाक्षी ने प्राणिक हीलिंग की उपचार कला में भी महारत हासिल की है, जिसे मास्टर चोआ कोक सुई ने विकसित किया था। यह पद्धति, जो शरीर और आभा को ठीक करने के लिए प्राण या जीवन ऊर्जा के उपयोग पर केंद्रित है, न केवल उनके लिए एक व्यक्तिगत खोज रही है, बल्कि दूसरों को उपचार प्रदान करने का एक माध्यम भी है। प्राणिक हीलिंग में उनकी दक्षता विभिन्न प्रकार के ध्यान सिखाने और अभ्यास के साथ पूरी होती है, जो व्यक्तियों और समुदायों में पुनरुत्थान, व्यक्तिगत विकास और समरसता के संवर्धन पर केंद्रित है।

डॉ. मीनाक्षी का जीवन केवल व्यक्तिगत उपलब्धियों की खोज नहीं है, बल्कि समाज के उत्थान और सशक्तिकरण के प्रति समर्पित एक यात्रा है। उनकी विविध रुचियाँ और प्रतिभाएँ—कला, साहित्य, मनोविज्ञान, और उपचार पद्धतियों को जोड़ती हुई—सेवा के एकमात्र पथ पर केंद्रित हैं। वे उन महान हस्तियों की भावना को आत्मसात करती हैं, जिन्होंने उन्हें प्रेरित किया, और अपने कार्यों और शिक्षाओं के माध्यम से उनकी विरासत को आगे बढ़ाती हैं। अपनी पुस्तकों, कला और सामाजिक पहलों के माध्यम से, वे नई पीढ़ी को आत्म-खोज, दृढ़ता और निःस्वार्थता की यात्रा पर चलने के लिए प्रेरित करती हैं।

समाज कल्याण के प्रति उनकी प्रतिबद्धता, विशेष रूप से वंचित बच्चों के उत्थान पर ध्यान केंद्रित करना, शिक्षा और व्यक्तिगत विकास की परिवर्तनकारी क्षमता की उनकी गहरी समझ को दर्शाती है। मनोविज्ञान, कलात्मक संवेदनशीलता और उपचार पद्धतियों के ज्ञान को जोड़कर, डॉ. बंसल ने एक समग्र दृष्टिकोण विकसित किया है जो न केवल तात्कालिक आवश्यकताओं बल्कि समुदायों की दीर्घकालिक भलाई को भी संबोधित करता है।

एक लेखिका के रूप में, डॉ. मीनाक्षी की रचनाएँ प्रेरणादायक अंतर्दृष्टियों,

व्यावहारिक ज्ञान और उनके विस्तृत अध्ययन और जीवन के अनुभवों से लिए गए चिंतनशील विचारों का मिश्रण प्रस्तुत करती हैं। उनकी पुस्तकें उन लोगों के लिए मार्गदर्शिका के रूप में कार्य करती हैं, जो जीवन की जटिलताओं को अनुग्रह, दृढ़ता और उद्देश्य के साथ नेविगेट करना चाहते हैं। अपनी कहानियों के माध्यम से, वे अपने पाठकों को अपने भीतर की गहराइयों का पता लगाने और समाज की सामूहिक भलाई में अर्थपूर्ण योगदान देने के लिए आमंत्रित करती हैं।

डॉ. मीनाक्षी बंसल में हमें एक अद्वितीय कलाकार, विद्वान, उपचारकर्ता और सामाजिक कार्यकर्ता का अद्भुत समन्वय मिलता है। उनका जीवन कार्य आशा का प्रतीक और दुनिया में बदलाव लाने की इच्छा रखने वाले व्यक्तियों के लिए प्रेरणा का स्रोत है। उनकी कहानी सहानुभूति और मानवता की भलाई के प्रति गहरी प्रतिबद्धता से प्रेरित व्यक्तिगत प्रयासों की शक्ति की एक प्रेरक याद दिलाती है। डॉ. मीनाक्षी की विरासत केवल उनके प्रयासों के ठोस परिणामों में नहीं है, बल्कि उस स्थायी जिज्ञासा, सहानुभूति और सेवा की भावना में है, जिसे वे प्रतिपादित करती हैं।

प्रस्तावना

प्राचीन भारत की पवित्र भूमि में, शांतिपूर्ण परिदृश्य और निर्मल नदियों के बीच, एक गहरी बुद्धि का उदय हुआ - योग की बुद्धि। यह प्राचीन अभ्यास, जो ऋषियों का उपहार है, पीढ़ियों से हस्तांतरित होता आ रहा है और आत्म-खोज, उपचार, और आध्यात्मिक जागृति का एक शाश्वत मार्ग प्रदान करता है।

अपने इस यात्रा में, मैंने महसूस किया कि योग केवल शारीरिक व्यायाम या कुछ दार्शनिक सिद्धांत नहीं है, बल्कि यह जीवन का एक तरीका है। यह हमारे शारीरिक, मानसिक, भावनात्मक, और आध्यात्मिक पहलुओं को समेटने वाला एक समग्र दृष्टिकोण है।

यह एक परिवर्तनकारी अभ्यास है जो हमें हमारी आंतरिक बुद्धि से जुड़ने, हमारे सुप्त सामर्थ्य को जागृत करने, और उद्देश्य, खुशी, और संतोषपूर्ण जीवन जीने का सामर्थ्य देता है।

इस विनम्र प्रस्तुति में, मैंने अपनी योग की समझ को साझा करने का प्रयास किया है, जो मेरे अनुभवों, प्राचीन ग्रंथों की शिक्षाओं, और आधुनिक गुरुओं की बुद्धि पर आधारित है। यह पुस्तक एक यात्रा पर निकलने का निमंत्रण है - आत्म-खोज की यात्रा, अपने अस्तित्व की गहराइयों को खोजने की यात्रा, और भीतर निवास करने वाली दिव्यता को अनुभव करने की यात्रा।

हम पतंजलि द्वारा योग सूत्रों में बताई गई योग की आठ अंगों की यात्रा पर चलेंगे। हम यम और नियम के नैतिक सिद्धांतों, आसनों के शारीरिक मुद्राओं, प्राणायाम के श्वास नियंत्रण तकनीकों, प्रत्याहार की इंद्रियों की वापसी, धारणा के ध्यान केंद्रित अभ्यास, ध्यान के समाधि के साथ एक दिव्य एकता के अंतिम अवस्था का अन्वेषण करेंगे।

इस दौरान, हम चक्रों के विषय में जानेंगे, जो शरीर के ऊर्जा केंद्र हैं, और कैसे विभिन्न अभ्यासों जैसे योग, ध्यान, और ऊर्जा उपचार के माध्यम से इन्हें संतुलित और संरेखित किया जा सकता है।

हम कुंडलिनी जागरण के रहस्यमय क्षेत्र का भी अन्वेषण करेंगे, जो हमारे भीतर निवास करने वाली एक सुप्त आध्यात्मिक ऊर्जा की परिवर्तनकारी शक्ति को जागृत करने का मार्ग है।

हम मंत्र के महत्व को भी समझेंगे, जो पवित्र ध्वनियाँ हैं जिनका उपयोग मन को केंद्रित करने, दिव्य से जुड़ने, और हमारे आध्यात्मिक सामर्थ्य को जागृत करने के लिए किया जा सकता है।

हम भक्ति योग की परिवर्तनकारी शक्ति, जो भक्ति और नि:स्वार्थ प्रेम का मार्ग है, और कर्म योग, जो नि:स्वार्थ सेवा का मार्ग है, की भी जानकारी प्राप्त करेंगे।

हम ज्ञान योग, जो आत्म-खोज और ज्ञान का मार्ग है, और राजा योग, जो आत्म-साक्षात्कार के लिए योग के विभिन्न पहलुओं को एक समग्र प्रणाली में समाहित करता है, के गहराईयों में भी उतरेंगे।

हम तंत्र योग के अनूठे और अक्सर गलत समझे जाने वाले मार्ग का भी अन्वेषण करेंगे, जो जीवन के पूर्ण स्पेक्ट्रम को, जिसमें कामुकता भी शामिल है, आत्म-प्रबोधन के साधन के रूप में अपनाता है।

इस यात्रा के दौरान, हम योग को अपने दैनिक जीवन में समाहित करने, इसके सिद्धांतों और अभ्यासों को अपने विचारों, शब्दों, और कार्यों में समेटने के महत्व पर जोर देंगे।

हम आध्यात्मिक पथ पर आने वाली चुनौतियों और बाधाओं का अन्वेषण करेंगे और उन्हें दूर करने के लिए व्यावहारिक साधन और तकनीकों का सुझाव देंगे।

अंततः, यह पुस्तक आत्म-खोज का मार्गदर्शक, आध्यात्मिक जागृति का मार्गदर्शन, और आपके अस्तित्व की पूर्ण क्षमता को अपनाने का निमंत्रण है।

मेरी आशा है कि इन पृष्ठों में साझा किए गए शिक्षाओं और अभ्यासों के माध्यम से, आप अपनी आत्म-परिवर्तन की यात्रा पर निकलेंगे और उस शाश्वत दिव्य एकता को खोजेंगे जो आपके भीतर विद्यमान है।

यह पुस्तक आपको योग के मार्ग पर प्रेरणा, मार्गदर्शन, और समर्थन के स्रोत के रूप में सेवा दे। यह आपके भीतर दिव्यता के प्रति एक गहरी समझ, आश्चर्य, और श्रद्धा को जागृत करे जो पूरे सृष्टि में व्याप्त है। यह आपको उद्देश्य, खुशी, और संतोषपूर्ण जीवन जीने के लिए सशक्त बनाए, और यह आपको आत्म-साक्षात्कार और दिव्य के साथ शाश्वत एकता के अंतिम लक्ष्य तक ले जाए।

डॉ. मीनाक्षी बंसल
सामाजिक कार्यकर्ता, अहमदाबाद, गुजरात

1

योग का मार्ग: एक प्राचीन और गहन यात्रा

योग का मार्ग एक प्राचीन और गहन यात्रा है, जिसे इतिहास में अनगिनत साधकों ने तय किया है। यह आत्म-खोज, आंतरिक शांति और अंततः हमारे भीतर स्थित दिव्यता से एकता प्राप्त करने का मार्ग है। इस अध्याय में, हम इस पवित्र यात्रा पर निकल रहे हैं, योग की उत्पत्ति और उसके सार का अन्वेषण करेंगे, उसकी परिवर्तनकारी शक्ति को समझेंगे और उन गहरे बदलावों के लिए खुद को तैयार करेंगे जो आगे आने वाले हैं।

योग, जो एक संस्कृत शब्द है, जिसका अर्थ है "जुड़ना" या "एक होना," प्राचीन भारत में 5,000 साल से भी अधिक समय पहले उत्पन्न हुआ था। यह एक समग्र प्रणाली है जो शारीरिक मुद्राएं (आसन), श्वास नियंत्रण (प्राणायाम), नैतिक अनुशासन (यम), व्यक्तिगत पालन (नियम), इंद्रियों की वापसी (प्रत्याहार), एकाग्रता (धारणा), ध्यान (ध्यान), और समाधि को शामिल करती है। हालांकि अक्सर इसे शारीरिक मुद्राओं के साथ जोड़ा जाता है, योग केवल व्यायाम का एक रूप नहीं है। यह एक जीवन शैली है, एक आध्यात्मिक अभ्यास है जो शरीर, मन और आत्मा को सामंजस्य में लाने का प्रयास करता है।

योग की उत्पत्ति रहस्य से घिरी हुई है, जिसकी जड़ें प्राचीन सिंधु घाटी सभ्यता तक फैली हैं। समय के साथ, योग का विकास हुआ और विभिन्न स्कूल और परंपराएं उभरने लगीं, जिनमें से प्रत्येक ने अपनी अनूठी विधि प्रदान की। योग की शिक्षाओं

को सदियों तक मौखिक रूप से संचारित किया गया, फिर उन्हें प्राचीन ग्रंथों जैसे पतंजलि के योग सूत्र, भगवद गीता और हठ योग प्रदीपिका में संहिताबद्ध किया गया। ये ग्रंथ योग के दर्शन, अभ्यास और लक्ष्यों में अमूल्य अंतर्दृष्टियाँ प्रदान करते हैं, जो साधकों के लिए मार्गदर्शक का काम करते हैं।

अपने मूल में, योग आत्म-साक्षात्कार की ओर एक यात्रा है, अपने सच्चे स्वरूप के जागरण की यात्रा है। यह हमारे भीतर की दिव्यता को पहचानने और उन मान्यताओं और गलत पहचानों को दूर करने की प्रक्रिया है, जो हमारे सच्चे स्वरूप को धुंधला कर देती हैं। योग का अभ्यास करने के माध्यम से हम मन को शांत करना, आंतरिक जागरूकता विकसित करना और अपने भीतर की गहरी बुद्धि से जुड़ना सीखते हैं। यह यात्रा हमेशा आसान नहीं होती, लेकिन अंततः यह गहरी परिवर्तनकारी होती है, जो दैनिक जीवन की उथल-पुथल से परे एक आंतरिक शांति का अनुभव कराती है।

योग के मार्ग पर निकलने के लिए हमें अपनी आरामदायक स्थिति से बाहर कदम रखने, अपने धारणाओं को चुनौती देने और अज्ञात को अपनाने की इच्छा होनी चाहिए। यह आत्म-खोज की यात्रा है, हमारे शरीर, मन और दिल की बुद्धि को सुनने का अभ्यास है। यह पुरानी आदतों और पैटर्न को छोड़ने और नए तरीकों को अपनाने का अभ्यास है जो हमारे सच्चे स्वभाव के साथ अधिक संगत हैं। जैसे-जैसे हम इस पथ पर आगे बढ़ते हैं, हमें बाधाओं और चुनौतियों का सामना करना पड़ सकता है, लेकिन समर्पण, धैर्य और एक योग्य शिक्षक की मार्गदर्शना के साथ हम इन बाधाओं को पार कर सकते हैं और निरंतर बढ़ते और विकसित होते रह सकते हैं।

योग का अभ्यास शारीरिक और मानसिक स्वास्थ्य के लिए कई लाभ प्रदान करता है। शारीरिक रूप से, योग लचीलेपन, ताकत, संतुलन और मुद्रा को सुधार सकता है। यह तनाव को कम करने, रक्तचाप को घटाने और नींद की गुणवत्ता में सुधार करने में भी सहायक हो सकता है। मानसिक रूप से, योग मन को शांत करने, चिंता को कम करने और ध्यान और एकाग्रता में सुधार करने में सहायक हो सकता है। यह आत्म-जागरूकता को बढ़ावा देने, आंतरिक शांति को बढ़ाने और संपूर्ण कल्याण की भावना को प्रोत्साहित करने में सहायक हो सकता है। ये लाभ केवल अस्थायी नहीं होते बल्कि हमारे संपूर्ण जीवन की गुणवत्ता पर स्थायी प्रभाव डाल

सकते हैं।

योग का मार्ग एक व्यक्तिगत यात्रा है और इसमें एक आकार सभी के लिए उपयुक्त नहीं होता। प्रत्येक व्यक्ति का मार्ग उसके अपने अनुभवों, मान्यताओं और आकांक्षाओं के अनुसार अद्वितीय होता है। यह महत्वपूर्ण है कि हम उस योग की शैली और शिक्षक को खोजें जो हमें प्रेरित करे और हमारे विकास का समर्थन करे। योग के विभिन्न प्रकार हैं, जो कोमल और पुनर्स्थापनात्मक प्रथाओं से लेकर अधिक ऊर्जा और चुनौतीपूर्ण रूपों तक हैं। यह आवश्यक है कि हम अपने शरीर को सुनें और अपनी फिटनेस और अनुभव स्तर के अनुसार एक अभ्यास चुनें।

जब आप इस पवित्र यात्रा पर निकल रहे हैं, तो अपने अभ्यास के लिए स्पष्ट इरादे स्थापित करना महत्वपूर्ण है। आप योग के माध्यम से क्या प्राप्त करने की आशा रखते हैं? क्या आप शारीरिक उपचार, मानसिक स्पष्टता, आध्यात्मिक विकास, या इन सब का संयोजन चाहते हैं? स्पष्ट इरादे स्थापित करके, आप अपने अभ्यास को अधिक अर्थपूर्ण और उद्देश्यपूर्ण बना सकते हैं। यह आभार की भावना को विकसित करने में भी सहायक है, जो हमें योग का अभ्यास करने के अवसर के प्रति एक खुले मन और सीखने की इच्छा के साथ संलग्न करता है।

योग का मार्ग एक आजीवन यात्रा है, जो समय के साथ धैर्य, समर्पण और अनुग्रह के साथ खुलता है। यह एक यात्रा है जो हमें अपने बारे में, दुनिया में अपने स्थान के बारे में, और भीतर के दिव्य से हमारे संबंध के बारे में गहरी समझ प्रदान करती है। जैसे-जैसे हम इस पथ पर आगे बढ़ते हैं, हम खुशी, शांति और स्पष्टता के क्षणों का अनुभव कर सकते हैं, साथ ही साथ चुनौती, निराशा और संदेह के क्षण भी आते हैं। यह सभी अनुभवों को इस यात्रा का हिस्सा मानना महत्वपूर्ण है और यह भरोसा करना कि हर कदम, चाहे वह कितना भी छोटा क्यों न हो, हमें आत्म-साक्षात्कार के हमारे अंतिम लक्ष्य की ओर ले जा रहा है।

प्राचीन योगी पतंजलि के शब्दों में, "योग चित्त वृति निरोध," जिसका अर्थ है "योग मन की उतार-चढ़ाव को स्थिर करना है।" योग के अभ्यास के माध्यम से, हम मन की चहल-पहल को शांत करना, अपने विचारों और भावनाओं को बिना निर्णय के देखना, और आंतरिक शांति और संतुलन की स्थिति को विकसित करना सीखते हैं। यह आंतरिक शांति बाहरी परिस्थितियों पर निर्भर नहीं होती, बल्कि यह भीतर

से उत्पन्न होने वाली आनंद और संतोष की एक धारा होती है।

जैसे-जैसे हम इस पवित्र यात्रा पर आगे बढ़ते हैं, हमें याद रखना चाहिए कि योग केवल एक अभ्यास नहीं है, बल्कि जीवन जीने का एक तरीका है। यह हमारे साथ, दूसरों के साथ और प्राकृतिक संसार के साथ सामंजस्य में रहने का एक तरीका है। यह हमारे विचारों, शब्दों और कर्मों में प्रेम, करुणा और अहिंसा के सिद्धांतों को अपनाने का एक तरीका है। योग के शिक्षाओं को हमारे दैनिक जीवन में एकीकृत करके, हम एक अधिक शांतिपूर्ण, आनंदमय और अर्थपूर्ण जीवन बना सकते हैं।

अंत में, योग के मार्ग पर निकलना एक गहरी और परिवर्तनकारी यात्रा है, जो अनगिनत तरीकों से हमारे जीवन को बदलने की क्षमता रखती है। योग की प्राचीन बुद्धि को अपनाकर, हम शारीरिक स्वास्थ्य, मानसिक स्पष्टता, भावनात्मक संतुलन, और आध्यात्मिक विकास को बढ़ावा दे सकते हैं। हम अपनी सच्ची प्रकृति के प्रति जाग सकते हैं और उस गहरी शांति और आनंद का अनुभव कर सकते हैं जो हमारे उच्चतम स्वरूप के साथ संरेखित जीवन जीने से प्राप्त होता है। यात्रा लंबी और चुनौतीपूर्ण हो सकती है, लेकिन इसके लाभ अपार होते हैं। आइए हम इस पथ पर साहस, जिज्ञासा और खुले दिल के साथ कदम रखें, योग की परिवर्तनकारी शक्ति को अपनाने के लिए और हमारे भीतर स्थित दिव्यता को खोजें।

"योग चित्त वृत्ति निरोधः।"
– पतंजलि (Patanjali)

2

योग का वास्तविक अर्थ और उसका गूढ़ दर्शन

योग, एक ऐसा शब्द है जो जटिल मुद्राओं में मुड़े हुए लचीले शरीरों की छवि को जीवित कर देता है, हाल के समय में अत्यधिक लोकप्रिय हो गया है। हालाँकि, योग को केवल शारीरिक व्यायाम तक सीमित करना इसके वास्तविक सार को समझने में एक बड़ी गलती है। योग एक गहन और प्राचीन दर्शन है जो जीवन के प्रति एक समग्र दृष्टिकोण को शामिल करता है, जो शरीर, मन और आत्मा को एकीकृत करता है। यह आत्म-खोज, आंतरिक शांति और अंततः दिव्य से एकता की ओर ले जाने वाला एक परिवर्तनकारी मार्ग है।

अपने मूल में, योग एक संस्कृत शब्द है जिसका अर्थ है "जोड़ना" या "एक करना"। यह एकता व्यक्तिगत आत्मा का सार्वभौमिक चेतना के साथ एकीकरण, सीमित का असीम के साथ मिलन को दर्शाती है। योग का अभ्यास आत्म-साक्षात्कार की एक यात्रा है, हमारे सच्चे स्वरूप को दिव्य रूप में जागृत करने की प्रक्रिया है। यह अपने आप को, दुनिया में अपनी जगह को और ब्रह्मांड के साथ अपने संबंध को गहराई से समझने की दिशा में एक मार्ग है।

योग की उत्पत्ति प्राचीन भारत में हुई, जहाँ यह लगभग 5,000 साल पहले एक आध्यात्मिक अभ्यास के रूप में उभरा। योग की शिक्षाओं को सदियों तक मौखिक रूप से संचारित किया गया, फिर उन्हें पतंजलि के योग सूत्र, भगवद गीता और हठ योग प्रदीपिका जैसे प्राचीन ग्रंथों में संहिताबद्ध किया गया। ये ग्रंथ योग के दर्शन,

अभ्यास और लक्ष्यों के बारे में ज्ञान का भंडार प्रदान करते हैं और साधकों के लिए उनके आध्यात्मिक यात्रा के मार्गदर्शक के रूप में काम करते हैं।

योग को अक्सर आठ अंगों वाले मार्ग के रूप में वर्णित किया जाता है, जहाँ प्रत्येक अंग अभ्यास का एक अलग पहलू दर्शाता है। पहले दो अंग, यम और नियम, हमारे और दूसरों के साथ हमारी बातचीत को मार्गदर्शन देने वाले नैतिक सिद्धांत हैं। इनमें अहिंसा, सत्य, अस्तेय, ब्रह्मचर्य और अपरिग्रह शामिल हैं। तीसरा अंग, आसन, उन शारीरिक मुद्राओं को संदर्भित करता है जिन्हें अक्सर योग के साथ जोड़ा जाता है। हालाँकि, आसन अभ्यास का एक महत्वपूर्ण हिस्सा हैं, वे व्यापक योग पथ के केवल एक पहलू हैं।

चौथा अंग, प्राणायाम, श्वास नियंत्रण का अभ्यास है। अपनी श्वास को नियंत्रित करके, हम मन को शांत कर सकते हैं, भावनाओं को संतुलित कर सकते हैं और आंतरिक शांति की स्थिति को प्राप्त कर सकते हैं। पाँचवाँ अंग, प्रत्याहार, इंद्रियों की वापसी है, जो हमारा ध्यान बाहरी विकर्षणों से हटाकर भीतर की ओर ले जाती है। यह अभ्यास मन को शांत करने में मदद करता है और हमें गहरे ध्यान की स्थितियों के लिए तैयार करता है।

छठा अंग, धारणा, ध्यान केंद्रित करने की क्षमता है, जो हमें किसी एक वस्तु या विचार पर बिना विचलित हुए ध्यान केंद्रित करने में सक्षम बनाता है। सातवाँ अंग, ध्यान, गहरे अवशोषण की एक स्थिति है जिसमें मन स्थिर और मौन हो जाता है। आठवाँ और अंतिम अंग, समाधि, अतिचेतन अवस्था की स्थिति है, जहाँ व्यक्तिगत आत्मा का सार्वभौमिक चेतना के साथ मिलन होता है।

हालाँकि योग के आठ अंग अभ्यास के लिए एक रूपरेखा प्रदान करते हैं, यह समझना महत्वपूर्ण है कि योग एक रेखीय मार्ग नहीं है। प्रत्येक व्यक्ति की यात्रा अद्वितीय होगी, जो उनके अपने अनुभवों, मान्यताओं और आकांक्षाओं के अनुसार आकार लेगी। यह आत्म-खोज की यात्रा है, हमारे शरीर, मन और दिल की बुद्धि को सुनने की एक प्रक्रिया है। यह पुराने पैटर्न और आदतों को छोड़ने और नए तरीकों को अपनाने की एक प्रक्रिया है जो हमारे सच्चे स्वभाव के साथ अधिक संगत हैं।

योग के लाभ शारीरिक क्षेत्र से कहीं अधिक हैं। नियमित योग अभ्यास लचीलेपन, ताकत, संतुलन और मुद्रा में सुधार कर सकता है। यह तनाव को कम करने, रक्तचाप को घटाने और नींद की गुणवत्ता में सुधार करने में भी सहायक हो सकता है। मानसिक रूप से, योग मन को शांत करने, चिंता को कम करने और ध्यान और एकाग्रता में सुधार करने में सहायक हो सकता है। यह आत्म-जागरूकता को बढ़ावा देने, आंतरिक शांति को बढ़ाने और संपूर्ण कल्याण की भावना को प्रोत्साहित करने में सहायक हो सकता है। ये लाभ केवल अस्थायी नहीं होते बल्कि हमारे संपूर्ण जीवन की गुणवत्ता पर स्थायी प्रभाव डाल सकते हैं।

योग का एक सबसे गहरा पहलू यह है कि यह हमें हमारे आंतरिक ज्ञान से जोड़ने में सक्षम बनाता है। आसनों, प्राणायाम और ध्यान के अभ्यास के माध्यम से, हम मन की चहल-पहल को शांत करना और एक गहरी स्तर की जागरूकता तक पहुँचने को सीखते हैं। यह आंतरिक ज्ञान हमारे मार्ग पर हमारा मार्गदर्शन करता है, जिससे हम अपने सर्वोच्च कल्याण के साथ संरेखित निर्णय लेने में सक्षम होते हैं। यह हमें हमारी अंतर्ज्ञान और रचनात्मकता को छूने और एक अधिक प्रामाणिक और पूर्ण जीवन जीने में मदद करता है।

योग एक धर्म नहीं है, लेकिन इसका स्वभाव अत्यधिक आध्यात्मिक है। यह सभी चीजों की आपस में जुड़ाव को मान्यता देता है और हमें सभी रूपों में जीवन के प्रति सम्मान की भावना को विकसित करने के लिए आमंत्रित करता है। योग का अभ्यास हमें किसी उच्च शक्ति से जुड़ने में मदद कर सकता है, चाहे हम इसे ईश्वर कहें, ब्रह्मांड कहें या केवल हमारे भीतर का दिव्य कहें। यह संबंध हमारे जीवन में अर्थ और उद्देश्य की भावना प्रदान कर सकता है और मानव अनुभव की चुनौतियों और अनिश्चितताओं को नेविगेट करने में हमारी मदद कर सकता है।

एक ऐसी दुनिया में जो अक्सर तेज़ गति और तनावपूर्ण होती है, योग शांति और संतुलन का एक आश्रय प्रदान करता है। यह एक ऐसा स्थान है जहाँ हम धीमा हो सकते हैं, खुद से फिर से जुड़ सकते हैं और आंतरिक संतुलन पा सकते हैं। योग का अभ्यास हमें वर्तमान क्षण में उपस्थित रहना, जीवन की सरल खुशियों की सराहना करना और हमारे पास जो कुछ है उसके प्रति आभार की भावना को विकसित करना सिखाता है।

जैसे-जैसे हम योग की गहराइयों का अन्वेषण करते हैं, हम पाते हैं कि यह एक ऐसा पथ है जो निरंतर विकसित हो रहा है और विस्तारित हो रहा है। योग के कई अलग-अलग शैली और परंपराएँ हैं, जिनमें से प्रत्येक का अभ्यास के प्रति अपना अनूठा दृष्टिकोण है। कुछ शैलियाँ मुख्य रूप से शारीरिक मुद्राओं पर ध्यान केंद्रित करती हैं, जबकि अन्य योग के ध्यान और आध्यात्मिक पहलुओं पर जोर देती हैं। योग का अभ्यास करने का कोई सही या गलत तरीका नहीं है और यह महत्वपूर्ण है कि हम उस शैली और शिक्षक को खोजें जो हमें प्रेरित करे।

अंततः, योग आत्म-खोज और परिवर्तन की एक व्यक्तिगत यात्रा है। यह एक ऐसा मार्ग है जो हमें अपने अस्तित्व की गहराइयों का अन्वेषण करने, अपने आंतरिक ज्ञान से जुड़ने और हमारे उच्चतम मूल्यों के साथ संरेखित जीवन जीने के लिए आमंत्रित करता है। यह एक ऐसा पथ है जो हमें अधिक शांति, खुशी और पूर्णता की ओर ले जाता है और यह उन सभी के लिए खुला है जो इसे खोजते हैं। जैसे-जैसे हम इस पवित्र यात्रा पर निकलते हैं, हमें प्राचीन योगी पतंजलि के शब्दों को याद रखना चाहिए, जिन्होंने कहा था, "योग चित्त वृत्ति निरोध" अर्थात "योग मन की उतार-चढ़ाव को स्थिर करना है।"

"साँस शरीर और मन के बीच का पुल है। प्राणायाम के माध्यम से अपनी साँस को नियंत्रित करके, हम मन को शांत कर सकते हैं, भावनाओं को संतुलित कर सकते हैं, और हमारे भीतर की सुषुप्त ऊर्जा को जागृत कर सकते हैं।"

3

अष्टांग योग: पतंजलि के आठ अंगों की संपूर्ण प्रणाली

योग का मार्ग, जिसे अक्सर शारीरिक मुद्राओं की श्रृंखला के रूप में माना जाता है, एक गहन और व्यापक प्रणाली है जो जीवन के प्रति एक समग्र दृष्टिकोण प्रदान करती है। इसके मूल में आठ अंगों का मार्ग, या अष्टांग योग, पतंजलि के योग सूत्रों में वर्णित है। यह प्राचीन ग्रंथ न केवल शारीरिक शरीर बल्कि मन, भावनाओं और आत्मा को भी संतुलित और सार्थक जीवन जीने के लिए एक ढाँचा प्रदान करता है।

योग के आठ अंग, प्रत्येक पिछले अंग पर आधारित होते हुए, आत्म-साक्षात्कार और आध्यात्मिक विकास के लिए एक कदम-दर-कदम मार्गदर्शन प्रदान करते हैं। ये अंग अकेले अभ्यास करने के लिए नहीं हैं, बल्कि एक एकीकृत संपूर्ण के रूप में हैं, प्रत्येक अंग दूसरे को पूरक और समृद्ध करता है। आठ अंगों को अपने जीवन में समाहित करके, हम एक सामंजस्यपूर्ण और संतोषजनक जीवन का विकास कर सकते हैं।

पहले दो अंग, यम और नियम, योग की नैतिक नींव बनाते हैं। यम सार्वभौमिक नैतिक सिद्धांत हैं जो हमारे आस-पास की दुनिया के साथ हमारे संबंधों का मार्गदर्शन करते हैं। इनमें अहिंसा (अहिंसा), सत्य (सत्यवादिता), अस्तेय (चोरी

न करना), ब्रह्मचर्य (संयम) और अपरिग्रह (असंग्रह) शामिल हैं। इन सिद्धांतों का पालन करके, हम सभी प्राणियों के प्रति करुणा, ईमानदारी और सम्मान का विकास करते हैं।

नियम व्यक्तिगत नियम हैं जो आंतरिक विकास और आत्म-अनुशासन को बढ़ावा देते हैं। इनमें शौच (स्वच्छता), संतोष (संतोष), तप (संयम), स्वाध्याय (आत्म-अध्ययन) और ईश्वर-प्रणिधान (उच्च शक्ति के प्रति समर्पण) शामिल हैं। इन नियमों का अभ्यास करके, हम अपने शरीर और मन को शुद्ध करते हैं, कृतज्ञता और संतोष को विकसित करते हैं और अपनी आध्यात्मिकता को गहरा करते हैं।

तीसरा अंग, आसन, योग की शारीरिक मुद्राओं का अभ्यास है। हालांकि अक्सर योग के सबसे पहचानने योग्य पहलू के रूप में देखा जाता है, आसन योग यात्रा का केवल एक हिस्सा है। आसनों का अभ्यास शरीर को शुद्ध करने, ताकत और लचीलापन बढ़ाने, और स्थिरता और स्थिरता की भावना विकसित करने में मदद करता है। यह महत्वपूर्ण है कि आसन अभ्यास को जागरूकता और सावधानी के साथ करें, शरीर के संकेतों को ध्यान में रखते हुए और उसकी सीमाओं का सम्मान करते हुए।

चौथा अंग, प्राणायाम, श्वास नियंत्रण का अभ्यास है। प्राण, जिसका अर्थ जीवन ऊर्जा है, वह महत्वपूर्ण ऊर्जा है जो हमारे शरीर में बहती है। अपनी श्वास को नियंत्रित करके, हम प्राण के प्रवाह को प्रभावित कर सकते हैं, मन को शांत कर सकते हैं, भावनाओं को संतुलित कर सकते हैं और आंतरिक शांति की स्थिति का विकास कर सकते हैं। प्राणायाम के अभ्यास में सरल श्वास व्यायाम से लेकर उन्नत तकनीकें शामिल हैं जिनमें साँस लेने, रोकने और छोड़ने की विशिष्ट अनुपात और लय होती है।

पाँचवाँ अंग, प्रत्याहार, इंद्रियों की वापसी है। हमारे आधुनिक जीवन में, हम लगातार इंद्रियों के उत्तेजना से घिरे रहते हैं, जो अत्यधिक उत्तेजना और मानसिक थकान का कारण बन सकता है। प्रत्याहार में हमारा ध्यान बाहरी विकर्षणों से हटाकर, आंतरिक दुनिया के विचारों, भावनाओं और संवेदनाओं पर केंद्रित करना शामिल है। यह अभ्यास मन को शांत करने, आत्म-जागरूकता को विकसित करने

और गहरे ध्यान की अवस्थाओं के लिए हमें तैयार करने में मदद करता है।

छठा अंग, धारणा, एकाग्रता है। एक दुनिया जो विकर्षणों से भरी हुई है, उसमें हमारा ध्यान केंद्रित करने की क्षमता तेजी से दुर्लभ होती जा रही है। धारणा में मन को बिना विचलित हुए एक वस्तु या विचार पर केंद्रित करने का अभ्यास शामिल है। यह अभ्यास मन को मजबूत करता है, मानसिक स्पष्टता को सुधारता है और हमें गहरे ध्यान की अवस्थाओं के लिए तैयार करता है।

सातवाँ अंग, ध्यान, ध्यान है। इसे अक्सर केवल मन को खाली करने के रूप में गलत समझा जाता है, ध्यान एक ऐसी स्थिति है जिसमें हम विचारों और भावनाओं के प्रवाह का अवलोकन करते हैं। नियमित अभ्यास से, हम मन की चहल-पहल को शांत करना, गहरी चेतना तक पहुँच और आंतरिक शांति का अनुभव कर सकते हैं।

आठवाँ और अंतिम अंग, समाधि, एक अतिचेतन अवस्था है, जहाँ व्यक्तिगत आत्मा सार्वभौमिक चेतना के साथ मिल जाती है। यह शुद्ध आनंद, परमानंद और सभी सृष्टि के साथ एकता की अवस्था है। समाधि योग का अंतिम लक्ष्य है, आठ अंगों की यात्रा का समापन बिंदु है। जबकि दुर्लभ और मायावी हो सकता है, यह अवस्था निरंतर अभ्यास और अपने भीतर के दिव्य के प्रति समर्पण के माध्यम से प्राप्त की जा सकती है।

योग के आठ अंग, जब एक साथ अभ्यास किए जाते हैं, तो जीवन के लिए एक संपूर्ण और समग्र दृष्टिकोण प्रदान करते हैं। वे हमारे भीतर, दूसरों के साथ और प्राकृतिक दुनिया के साथ सामंजस्य में जीने के लिए एक ढाँचा प्रदान करते हैं। अपने दैनिक जीवन में आठ अंगों को एकीकृत करके, हम शारीरिक स्वास्थ्य, मानसिक स्पष्टता, भावनात्मक संतुलन और आध्यात्मिक विकास का विकास कर सकते हैं।

योग का अभ्यास एक जीवन भर की यात्रा है और इसका कोई एक आकार-में-फिट-सभी दृष्टिकोण नहीं है। प्रत्येक व्यक्ति का मार्ग अद्वितीय होगा, जो उनके अपने अनुभवों, विश्वासों और आकांक्षाओं द्वारा आकार लिया जाएगा। अपने फिटनेस और अनुभव स्तर के अनुसार उपयुक्त अभ्यास का चयन करना और अपने शरीर

को सुनना महत्वपूर्ण है।

जैसे ही आप अपने योग मार्ग पर आगे बढ़ते हैं, याद रखें कि योग केवल एक अभ्यास नहीं है बल्कि जीवन का एक तरीका है। यह अपने उच्चतम मूल्यों के साथ संरेखण में जीवन जीने, प्रेम, करुणा और अहिंसा को अपने विचारों, शब्दों और कार्यों में अपनाने का एक तरीका है। योग के आठ अंगों को अपने दैनिक जीवन में समाहित करके, आप अधिक सार्थक, संतोषजनक और सामंजस्यपूर्ण जीवन बना सकते हैं।

योग का मार्ग हमेशा आसान नहीं होता, लेकिन यह अंततः पुरस्कृत है। यह आत्म-खोज का मार्ग है, पुराने पैटर्न और विश्वासों को छोड़ने का जो अब हमारी सेवा नहीं करते, और नए तरीकों को अपनाने का जो हमारे सच्चे स्वभाव के साथ अधिक संगत हैं।

योग के आठ अंग जीवन के प्रति एक व्यापक और समग्र दृष्टिकोण प्रदान करते हैं। इन आठ अंगों को अपने जीवन में समझकर और समाहित करके, हम एक संतुलित और सार्थक जीवन का विकास कर सकते हैं जो हमारे अस्तित्व के शारीरिक, मानसिक, भावनात्मक और आध्यात्मिक पहलुओं को शामिल करता है। यह आत्म-खोज की यात्रा है, अपने आंतरिक ज्ञान से जुड़ने की और हमारे आस-पास की दुनिया के साथ सामंजस्य में जीने की यात्रा है।

"Yoga is the journey of the self, through the self, to the self."
– Bhagavad Gita

4

यम: नैतिक अनुशासन की नींव

योग का मार्ग आत्म-खोज और आध्यात्मिक विकास की यात्रा है, जो केवल शारीरिक मुद्राओं या श्वास अभ्यासों का क्रम नहीं है। यह एक संपूर्ण जीवन पद्धति है जो न केवल शरीर बल्कि मन, भावनाओं और आत्मा को भी समाहित करती है। इस मार्ग के केंद्र में यम है, जो पतंजलि के आठ अंगों के योग का पहला अंग है। यम, संस्कृत का शब्द है जिसका अर्थ "संयम" या "नैतिक अनुशासन" होता है। यह उन नैतिक सिद्धांतों का एक समूह है जो हमारे स्वयं और हमारे आस-पास की दुनिया के साथ संबंधों का मार्गदर्शन करते हैं। इन गुणों को विकसित करके, हम आंतरिक शांति, सामंजस्यपूर्ण संबंध और आध्यात्मिक विकास की नींव रखते हैं।

यम केवल नियम या कानून नहीं हैं, बल्कि मार्गदर्शक सिद्धांत हैं जो हमें अधिक जागरूक और नैतिक जीवन जीने में सहायता करते हैं। ये हमारी यात्रा में नैतिक दिशा सूचक हैं, जो हमें ऐसे चुनाव करने में मदद करते हैं जो हमारे सर्वोच्च मूल्यों के अनुरूप होते हैं। इन सिद्धांतों को अपनाकर, हम न केवल अपने लिए बल्कि दूसरों और पूरे विश्व के लिए भी कल्याण में योगदान करते हैं।

पहला यम अहिंसा है, जो कि अहिंसा का सिद्धांत है। यह केवल शारीरिक हिंसा से परे जाकर विचारों, शब्दों और कार्यों में भी अहिंसा को शामिल करता है। अहिंसा हमें सभी जीवित प्राणियों के प्रति करुणा, दया और सम्मान को विकसित करने के

लिए प्रेरित करती है। यह हमें क्रोध, आक्रोश और निर्णय से मुक्त होने और क्षमा और समझ को अपनाने के लिए प्रोत्साहित करती है। अहिंसा का अभ्यास करके, हम अपने और दूसरों के लिए एक अधिक शांतिपूर्ण और सामंजस्यपूर्ण वातावरण बनाते हैं।

दूसरा यम सत्य है, जो सत्यवादिता का सिद्धांत है। इसमें हमारे विचारों, शब्दों और कार्यों में ईमानदार और सच्चा होना शामिल है। सत्य केवल झूठ से बचने तक सीमित नहीं है; यह हमें दयालुता और करुणा के साथ अपना सत्य बोलने के लिए प्रोत्साहित करता है। इसमें स्वयं के प्रति सच्चे बने रहना, अपने मूल्यों के साथ जीना और अपनी वास्तविक अभिव्यक्ति का सम्मान करना भी शामिल है। सत्य का अभ्यास करके, हम अपने रिश्तों में ईमानदारी विकसित करते हैं, विश्वास का निर्माण करते हैं और अपनी आंतरिक सच्चाई से गहरा संबंध बनाते हैं।

तीसरा यम अस्तेय है, जो चोरी न करने का सिद्धांत है। यह भौतिक संपत्तियों से परे जाकर समय, ऊर्जा और विचारों की चोरी न करने को भी समाहित करता है। अस्तेय हमें ईमानदारी के साथ जीने, दूसरों के अधिकारों और संपत्तियों का सम्मान करने के लिए प्रेरित करता है। यह हमें उस चीज़ से संतुष्ट रहने के लिए प्रोत्साहित करता है जो हमारे पास है और जो हमारा नहीं है उसे लेने से बचने के लिए प्रेरित करता है। अस्तेय का अभ्यास करके, हम कृतज्ञता, उदारता और परिपूर्णता की भावना का विकास करते हैं।

चौथा यम ब्रह्मचर्य है, जिसका अर्थ अक्सर संयम या यौन संयम के रूप में लिया जाता है। हालांकि, व्यापक अर्थ में, ब्रह्मचर्य ऊर्जा के संरक्षण से संबंधित है। इसमें अपनी महत्वपूर्ण ऊर्जा को आध्यात्मिक विकास और आत्म-साक्षात्कार की ओर मोड़ना शामिल है, न कि इसे अत्यधिक इंद्रिय सुखों में नष्ट करना। ब्रह्मचर्य संयम, आत्म-अनुशासन और उच्च लक्ष्यों पर ध्यान केंद्रित करने के लिए प्रेरित करता है। ब्रह्मचर्य का अभ्यास करके, हम ऊर्जा, एकाग्रता और अपनी आध्यात्मिक आत्मा के साथ गहरा संबंध विकसित करते हैं।

पाँचवां यम अपरिग्रह है, जो असंग्रह या अनासक्ति का सिद्धांत है। इसमें भौतिक संपत्तियों, संबंधों और यहां तक कि अपनी पहचान के प्रति भी अनासक्ति को शामिल करना होता है। अपरिग्रह हमें सादगी, अनासक्ति और वर्तमान क्षण पर

ध्यान केंद्रित करने के लिए प्रेरित करता है। यह हमें याद दिलाता है कि सच्चा सुख और संतोष बाहरी चीजों में नहीं बल्कि हमारे आंतरिक अस्तित्व में पाया जाता है। अपरिग्रह का अभ्यास करके, हम स्वतंत्रता, संतोष और ब्रह्मांड के साथ गहरे संबंध का विकास करते हैं।

यम का अभ्यास हमेशा आसान नहीं होता। यह आत्म-जागरूकता, अनुशासन और अपनी कमियों का सामना करने की इच्छा की आवश्यकता होती है। हालांकि, इसके लाभ अनमोल हैं। इन नैतिक सिद्धांतों का विकास करके, हम आंतरिक शांति, सामंजस्यपूर्ण संबंध और आध्यात्मिक विकास की नींव रखते हैं। हम अपने आस-पास की दुनिया पर एक सकारात्मक और सार्थक प्रभाव पैदा करते हैं।

यमों का अभ्यास अलग-अलग नहीं बल्कि एकीकृत रूप में किया जाना चाहिए। प्रत्येक यम दूसरे को समर्थन और सुदृढ़ करता है, जिससे एक समन्वित प्रभाव पैदा होता है। उदाहरण के लिए, अहिंसा (अहिंसा) का अभ्यास स्वाभाविक रूप से सत्य (सत्यवादिता) और अस्तेय (चोरी न करना) की ओर ले जाता है, क्योंकि हम दूसरों के प्रति अधिक करुणा और सम्मानपूर्ण बन जाते हैं। इसी प्रकार, ब्रह्मचर्य (ऊर्जा संरक्षण) का अभ्यास अपरिग्रह (असंग्रह) का समर्थन करता है, क्योंकि हम अपने ऊर्जा को उच्च लक्ष्यों पर केंद्रित करते हैं और भौतिक चीजों के प्रति अनासक्ति को विकसित करते हैं।

यम का अभ्यास केवल योग चटाई पर सीमित नहीं है, बल्कि हमारे जीवन के प्रत्येक पहलू तक विस्तारित होता है। यह जीने का एक तरीका है, एक ऐसा जीवन जीने का संकल्प जो हमारे उच्चतम मूल्यों के साथ संरेखित है। यह अधिक जागरूक और नैतिक जीवन जीने का एक संकल्प है, जो करुणा, ईमानदारी और सभी प्राणियों के प्रति सम्मान में निहित है। इन सिद्धांतों को अपनाकर, हम न केवल अपने लिए बल्कि दूसरों और पूरे विश्व के लिए भी कल्याण में योगदान करते हैं।

हमारी योग यात्रा पर चलते हुए, यम का अभ्यास एक जीवनभर का प्रयास बन जाता है। यह लगातार आत्म-चिंतन, विकास और परिष्करण की प्रक्रिया है। कई बार हम अपने आदर्शों से दूर हो सकते हैं, लेकिन यह याद रखना महत्वपूर्ण है कि योग का मार्ग पूर्णता के बारे में नहीं बल्कि प्रगति के बारे में है। अपनी गलतियों से

सीखकर और अपने मूल्यों के प्रति पुनः समर्पित होकर, हम आत्म-साक्षात्कार के मार्ग पर आगे बढ़ते रह सकते हैं।

महात्मा गांधी के शब्दों में, "अहिंसा मानवता के पास सबसे बड़ी शक्ति है। यह सबसे विध्वंसक हथियार से भी अधिक शक्तिशाली है।" यम के सिद्धांतों को अपनाकर, हम इस शक्तिशाली शक्ति का दोहन कर सकते हैं और एक अधिक शांतिपूर्ण, न्यायपूर्ण और करुणामय दुनिया बना सकते हैं।

योग का मार्ग परिवर्तन की यात्रा है, और यम का अभ्यास इस यात्रा का एक आवश्यक हिस्सा है। इन नैतिक सिद्धांतों का विकास करके, हम आंतरिक शांति, सामंजस्यपूर्ण संबंध और आध्यात्मिक विकास की नींव रखते हैं। हम एक अधिक जागरूक और नैतिक जीवन जीना सीखते हैं, जो करुणा, ईमानदारी और सभी प्राणियों के प्रति सम्मान में निहित है। इस मार्ग पर चलते हुए, हम अपने विचारों, शब्दों और कर्मों में यम को अपनाने का प्रयास करते हैं, जिससे अपने आस-पास की दुनिया पर एक सकारात्मक और सार्थक प्रभाव पैदा होता है।

"योग हमें सिखाता है कि जो सहन नहीं किया जा सकता, उसे ठीक करें और जो ठीक नहीं किया जा सकता, उसे सहना सीखें।"
– बी. के. एस. अयंगर (B.K.S. Iyengar)

5

नियम: आत्म-अनुशासन और आंतरिक शुद्धता के सिद्धांत

योगिक दर्शन में नियम एक चमकदार धागे की तरह उभरते हैं, जो व्यक्तिगत परिवर्तन और आध्यात्मिक विकास के ताने-बाने में बुनें गए हैं। ये पांच नियम हमारे आंतरिक यात्रा का मार्गदर्शन करते हैं, जो हमारे साथ और हमारे आस-पास की दुनिया के साथ एक सामंजस्यपूर्ण संबंध को पोषित करते हैं। पतंजलि के अष्टांग योग का दूसरा अंग होने के नाते, नियम यमों का पूरक हैं, जो हमारे दूसरों के साथ संबंधों को नियंत्रित करते हैं। जहाँ यम हमारे बाहरी आचरण पर ध्यान केंद्रित करते हैं, वहीं नियम हमारे अस्तित्व की गहराई में उतरते हैं, आत्म-साक्षात्कार के मार्ग को प्रकाशित करते हैं।

पहला नियम, शौच, शारीरिक, मानसिक और आध्यात्मिक सभी आयामों में शुद्धता की अवधारणा को अपनाता है। यह हमारे शरीर की स्वच्छता, हमारे विचारों की स्पष्टता और हमारे इरादों की पवित्रता को समाहित करता है। शौच के माध्यम से, हम एक ऐसे वातावरण का निर्माण करते हैं जो आध्यात्मिक विकास के लिए अनुकूल होता है। शारीरिक रूप से, हम उचित स्वच्छता, संतुलित आहार और नियमित व्यायाम के माध्यम से एक स्वस्थ शरीर बनाए रखते हैं। हम अपने मन को ध्यान का अभ्यास करके, नकारात्मक विचारों और भावनाओं को छोड़कर, और सकारात्मक दृष्टिकोण को अपनाकर शुद्ध करते हैं। आध्यात्मिक रूप से,

हम अपने सर्वोच्च मूल्यों के अनुरूप जीने का प्रयास करते हैं, ऐसे चुनाव करते हैं जो हमारे आंतरिक सत्य को दर्शाते हैं।

शौच का अभ्यास हमारे व्यक्तिगत अस्तित्व से परे बढ़ता है, हमारे पर्यावरण और दूसरों के साथ हमारी बातचीत को समाहित करता है। हम एक साफ और व्यवस्थित जीवन स्थान बनाते हैं, जो अव्यवस्था और ध्यान भंग से मुक्त होता है। हम अपने शब्दों और कार्यों का चयन सावधानी से करते हैं, यह सुनिश्चित करते हुए कि वे दयालु, करुणामय और प्रोत्साहन देने वाले हों। अपने जीवन के सभी पहलुओं में शौच को अपनाकर, हम आध्यात्मिक विकास के लिए एक उपजाऊ भूमि बनाते हैं, जिससे हमारी आंतरिक रोशनी उज्जवल हो जाती है।

दूसरा नियम, संतोष, संतोष की कला है। यह वर्तमान क्षण में आनंद और कृतज्ञता को खोजने की क्षमता है, चाहे बाहरी परिस्थितियाँ कैसी भी हों। संतोष हमें जो हमारे पास है उसकी सराहना करने के लिए सिखाता है, न कि उस चीज़ के लिए लगातार तरसने के लिए जो हमारे पास नहीं है। यह एक मान्यता है कि सच्चा सुख भीतर से आता है, न कि भौतिक संपत्ति या बाहरी प्रशंसा से।

संतोष का विकास हमारे दृष्टिकोण को कमी से परिपूर्णता की ओर स्थानांतरित करने में शामिल होता है। हम अपने जीवन में आशीर्वादों पर ध्यान केंद्रित करना सीखते हैं, उन साधारण खुशियों पर जो अक्सर अनदेखी रह जाती हैं। हम उस भोजन के लिए, हमारे सिर के ऊपर की छत के लिए, हमारे परिवार और दोस्तों के प्यार और समर्थन के लिए आभार प्रकट करते हैं। संतोष को अपनाकर, हम इच्छा और असंतोष के अंतहीन चक्र से मुक्त हो जाते हैं, अपने दिलों को शांति और संतोष की गहरी भावना के लिए खोलते हैं।

तीसरा नियम, तप, का अक्सर अनुवाद "दृढ़ अनुशासन" या "जलता हुआ उत्साह" के रूप में किया जाता है। यह वह आंतरिक आग है जो हमारे आध्यात्मिक विकास की प्रतिबद्धता को प्रज्वलित करती है। तप वह इच्छा है जो हमें चुनौतियों को अपनाने, अपनी सीमाओं को पार करने, और बाधाओं का सामना करने के लिए प्रेरित करती है। यह स्वयं को रूपांतरित करने, पुराने पैटर्न और सीमाओं को छोड़ने, और अपने उच्चतम स्वरूप में उभरने के लिए दृढ़ संकल्प है।

तप विभिन्न तरीकों से प्रकट हो सकता है, जो हमारे व्यक्तिगत मार्गों पर निर्भर करता है। यह एक समर्पित योग अभ्यास, ध्यान में संकल्प, या एक रचनात्मक प्रयास की खोज में हो सकता है। यह हमारे भय का सामना करने, हमारे अंधकार का सामना करने, और हमारी कमजोरियों को अपनाने में शामिल हो सकता है। चाहे इसका कोई भी रूप हो, तप वह ईंधन है जो हमें हमारे आध्यात्मिक यात्रा पर आगे बढ़ाता है, हमारे जुनून को प्रज्वलित करता है और हमें अपनी पूरी क्षमता तक पहुँचने के लिए प्रेरित करता है।

चौथा नियम, स्वाध्याय, आत्म-अध्ययन का अभ्यास है। यह आत्म-खोज की यात्रा है, हमारे वास्तविक स्वभाव को खोजने के लिए हमारे अस्तित्व की गहराई में उतरने का मार्ग है। स्वाध्याय आत्म-मंथन, चिंतन और विचार का अभ्यास है। यह हमारे विश्वासों पर प्रश्न उठाने, हमारे उद्देश्यों की जांच करने, और हमारी गहरी इच्छाओं की खोज का मार्ग है।

स्वाध्याय के माध्यम से, हम अपने आप को, अपनी ताकतों और कमजोरियों को बेहतर समझ पाते हैं। हम अपने व्यवहार के पैटर्न, हमारी आदतन प्रतिक्रियाओं, और हमारी अनजानी पूर्वाग्रहों को पहचानना सीखते हैं। हमारे आंतरिक परिदृश्य पर जागरूकता की रोशनी डालकर, हम परिवर्तन का अवसर बनाते हैं। हम जो हमारे लिए अब उपयोगी नहीं है उसे छोड़ सकते हैं, अपने वास्तविक स्व को अपनाते हैं, और अपने जीवन को अपने सर्वोच्च मूल्यों के साथ संरेखित कर सकते हैं।

पाँचवाँ और अंतिम नियम, ईश्वर प्राणिधान, एक उच्च शक्ति के प्रति समर्पण है। यह मान्यता है कि इस यात्रा में हम अकेले नहीं हैं, कि ब्रहमांड में हमसे परे एक शक्ति कार्य कर रही है। ईश्वर प्राणिधान हमारे अहंकार-प्रेरित इच्छाओं को छोड़ना और अपनी इच्छा को दिव्य इच्छा के साथ संरेखित करना शामिल है।

समर्पण का अर्थ निष्क्रियता या त्याग नहीं है। यह एक उच्च शक्ति पर विश्वास करने का सक्रिय चुनाव है, हमारे जीवन की unfolding पर विश्वास करना है। यह हमारे आसक्ति और अपेक्षाओं को छोड़ने की इच्छा है, जो है उसे स्वीकार करना है, और जीवन की धारा के साथ बहना है। एक उच्च शक्ति के प्रति समर्पण करके, हम मार्गदर्शन, अनुग्रह, और अनंत संभावनाओं के लिए अपने आप को खोलते हैं।

नियम केवल नियम या दिशानिर्देश नहीं हैं; वे जीवन जीने का एक तरीका हैं। वे हमारे आंतरिक मंदिर के द्वार खोलने की कुंजी हैं, जो हमारे भीतर अंतहीन संभावनाओं को प्रकट करते हैं। नियमों को अपनाकर, हम एक ऐसी जिंदगी विकसित करते हैं जो अखंडता, आनंद, और उद्देश्य से भरी होती है। हम एक आध्यात्मिक विकास की नींव बनाते हैं जो मजबूत, स्थिर, और टिकाऊ होती है।

नियमों का अभ्यास हमेशा आसान नहीं होता। इसके लिए अनुशासन, समर्पण, और अपनी छायाओं का सामना करने की इच्छा की आवश्यकता होती है। हालांकि, इसके लाभ अनमोल हैं। इन नियमों के प्रति अपनी प्रतिबद्धता को गहरा करके, हम अपने चेतना में एक गहरा परिवर्तन अनुभव करते हैं। हम अधिक जागरूक, अधिक करुणामय, और अपने आस-पास की दुनिया के साथ अधिक जुड़े हुए बन जाते हैं। हम एक आंतरिक शांति और संतोष की भावना की खोज करते हैं जो बाहरी परिस्थितियों से परे होती है।

प्राचीन योगिक ग्रंथ भगवद गीता के शब्दों में, "इन्द्रियाँ शरीर से ऊँची हैं, मन इन्द्रियों से ऊँचा है; मन से ऊपर बुद्धि है, और बुद्धि से ऊपर आत्मा है।" नियम वे उपकरण हैं जो हमें अपने शरीर और मन की सीमाओं को पार करने में सक्षम बनाते हैं, अपने उच्चतर आत्म से जुड़ने के लिए, और अपने वास्तविक स्वभाव को दिव्य प्राणियों के रूप में महसूस करने के लिए।

जब हम आत्म-खोज की इस यात्रा पर निकलते हैं, तो हमें महान योगी परमहंस योगानंद के शब्दों को याद रखना चाहिए, "धर्म का सच्चा आधार विश्वास नहीं बल्कि अंतर्ज्ञानात्मक अनुभव है। अंतर्ज्ञान आत्मा की भगवान को जानने की शक्ति है।" नियम वे कदम हैं जो हमें इस अंतर्ज्ञानात्मक अनुभव की ओर ले जाते हैं, दिव्यता के साथ हमारी एकता के प्रत्यक्ष अनुभव की ओर।

जीवन के इस संगीत में, नियम आत्मा की गहरी सच्चाई, सुंदरता और भलाई की आकांक्षा के साथ सामंजस्यपूर्ण स्वर हैं। ये वे मार्गदर्शक सिद्धांत हैं जो हमारे मार्ग को प्रकाशित करते हैं, हमें अखंडता, आनंद और उद्देश्य से भरे जीवन जीने के लिए प्रेरित करते हैं। नियमों को अपनाकर, हम अपने भीतर के अनंत संभावनाओं को जागृत करते हैं, और आध्यात्मिक विकास का सच्चा अर्थ खोजते हैं।

"Yoga is not about touching your toes, it is what you learn on the way down."
– Jigar Gor

6

आसन: शारीरिक मुद्रा से आत्म-चेतना की ओर

योग के विशाल और जटिल ताने-बाने में, आसन एक जीवंत धागे की तरह उभरता है, जो हमारे शरीर, मन और आत्मा के आयामों को एक साथ जोड़ता है। पतंजलि के अष्टांग योग का तीसरा अंग होने के नाते, आसन योग अभ्यास का आधार बनते हुए शारीरिक मुद्राओं या पोज़ का प्रतीक है। हालाँकि इसे अक्सर लचीलापन और शक्ति के साथ जोड़ा जाता है, लेकिन आसन का महत्व शारीरिक क्षेत्र से कहीं अधिक गहरा है, जो आत्म-खोज और परिवर्तन की एक गहन यात्रा को समेटे हुए है।

आसन का मूल उद्देश्य हमारे शरीर के साथ एक सामंजस्यपूर्ण संबंध विकसित करना है। यह हमारे शरीर को सम्मान देने का एक तरीका है, जो हमें जीवन में ले जाने वाला पात्र है, इसके स्वास्थ्य और जीवन शक्ति को पोषित करने का साधन है। आसन के अभ्यास के माध्यम से, हम शक्ति, लचीलापन, संतुलन और समन्वय का विकास करते हैं। हम अपने शरीर की बात सुनना, उसकी अनोखी आवश्यकताओं और सीमाओं को समझना सीखते हैं। हम श्वास और गति की शक्ति को खोजते हैं, और कैसे इनका उपयोग उपचार और कल्याण को बढ़ावा देने के लिए किया जा सकता है।

हालांकि, आसन केवल एक शारीरिक व्यायाम नहीं है; यह एक गतिमान ध्यान का रूप है। जब हम इन मुद्राओं को करते हैं, तो हमारा ध्यान बाहरी दुनिया के

विकर्षणों से हटकर भीतर की ओर केंद्रित हो जाता है। हम अपने श्वास, अपनी संवेदनाओं और अपने विचारों के प्रति अधिक जागरूक हो जाते हैं। हम एक ध्यानपूर्ण अवस्था को विकसित करना सीखते हैं, जिसमें हम पूरी तरह से वर्तमान क्षण में होते हैं।

यह ध्यानपूर्ण जागरूकता केवल योग मैट तक सीमित नहीं रहती, बल्कि हमारे दैनिक जीवन में भी फैल जाती है। हम अपने शरीर के प्रति अधिक जागरूक हो जाते हैं, अपनी मुद्रा और गति के प्रति सचेत हो जाते हैं। हम आत्म-जागरूकता की गहरी भावना विकसित करते हैं, अपने व्यवहार और सोच के आदतन पैटर्न को पहचानते हैं। यह बढ़ी हुई जागरूकता हमें जीवन की चुनौतियों का सामना अधिक संतुलन और शांति के साथ करने में सक्षम बनाती है।

आसन का अभ्यास हमारे ऊर्जा तंत्र पर भी गहरा प्रभाव डालता है। योगिक दर्शन के अनुसार, हमारा शरीर केवल एक शारीरिक संरचना नहीं है; यह प्राण नामक सूक्ष्म ऊर्जा के चैनलों से भी बना है। यह जीवन ऊर्जा हमारे शरीर में नाड़ियों नामक चैनलों के माध्यम से प्रवाहित होती है और यह हमारी जीवन शक्ति और कल्याण का स्रोत मानी जाती है।

आसन के अभ्यास के माध्यम से, हम अपने शरीर में प्राण के प्रवाह को अवरुद्ध से मुक्त कर सकते हैं और संतुलित कर सकते हैं। अलग-अलग मुद्राओं के अलग-अलग ऊर्जा प्रभाव होते हैं, कुछ उत्तेजित और ऊर्जावान बनाते हैं, जबकि कुछ शांति और स्थिरता प्रदान करते हैं। विभिन्न आसनों का अभ्यास करके, हम अपने ऊर्जा तंत्र को संतुलित कर सकते हैं, जिससे शारीरिक, मानसिक और भावनात्मक संतुलन प्राप्त कर सकते हैं।

जैसे-जैसे हम अपने आसन के अभ्यास को गहराई से करते हैं, हम अपनी चेतना में एक गहरा परिवर्तन अनुभव करने लगते हैं। हम सभी चीजों की अंतर्संबंध को, ऊर्जा और पदार्थ के सूक्ष्म खेल को महसूस करने लगते हैं। हम अपने और दूसरों के प्रति अधिक करुणा का अनुभव करने लगते हैं, जो हमें एक दूसरे से जोड़ता है।

आसन का अभ्यास हमें एक आंतरिक शांति और शांति की भावना भी प्रदान करता है। जब हम अपने मन को शांत करना और वर्तमान क्षण पर ध्यान केंद्रित करना

सीखते हैं, तो हम तनाव, चिंता और चिंताओं को छोड़ देते हैं। हम अपने भीतर की एक गहरी स्थिरता को खोजते हैं, जो जीवन की कठिनाइयों से मुक्त होती है।

प्राचीन योगिक ग्रंथ हठ योग प्रदीपिका के शब्दों में, "आसन शरीर को दृढ़ता, स्वास्थ्य और हल्कापन प्रदान करता है। यह आलस्य को नष्ट करता है और आध्यात्मिक शक्तियों को जाग्रत करता है।" आसन का अभ्यास केवल शारीरिक फिटनेस के बारे में नहीं है; यह एक मजबूत और लचीले शरीर, मन और आत्मा को विकसित करने के बारे में है।

इस आत्म-खोज की यात्रा पर चलते हुए, यह याद रखना महत्वपूर्ण है कि कोई एक ही तरीका सभी के लिए उपयुक्त नहीं होता। प्रत्येक व्यक्ति का शरीर अद्वितीय होता है, अपनी शक्तियों, कमजोरियों और सीमाओं के साथ। हमें अपने शरीर की बात सुननी चाहिए, अपनी गति का सम्मान करना चाहिए, और दया और करुणा के साथ अभ्यास करना चाहिए।

आसन का अभ्यास भी एक जीवनभर की यात्रा है। सीखने, खोजने और जानने के लिए हमेशा कुछ और होता है। जैसे-जैसे हम अपने अभ्यास को गहराई से करते हैं, हम पाते हैं कि कुछ मुद्राएँ आसान हो जाती हैं, जबकि कुछ चुनौतियाँ बनी रहती हैं। हम नए मुद्राओं को खोज सकते हैं जो हमें पसंद आती हैं, या पुरानी पसंदीदा मुद्राओं को नई दृष्टि से देख सकते हैं।

आसन की सुंदरता यह है कि यह एक ऐसा अभ्यास है जो हमारी बदलती आवश्यकताओं और परिस्थितियों के अनुसार विकसित और अनुकूलित हो सकता है। यह एक ऐसा अभ्यास है जो हमारे जीवनभर हमारे साथ रह सकता है, हमारे शारीरिक, मानसिक और आध्यात्मिक कल्याण का समर्थन कर सकता है।

प्रसिद्ध योग शिक्षक बी.के.एस. अयंगर के शब्दों में, "योग हमें सिखाता है कि जो सहन नहीं करना चाहिए उसे ठीक करें और जो ठीक नहीं किया जा सकता उसे सहन करें।" आसन के अभ्यास के माध्यम से, हम जीवन की अस्थिरता को अपनाना सीखते हैं, जो चुनौतियाँ हमारे रास्ते में आती हैं उन्हें स्वीकार करना सीखते हैं, और एक गहरी आंतरिक शांति और सहनशीलता का विकास करते हैं।

जैसे-जैसे हम आसन के इस विस्तृत और जटिल क्षेत्र को और अधिक गहराई से खोजते हैं, हमें प्राचीन योगिक ग्रंथ भगवद गीता के शब्दों को याद रखना चाहिए, "योग कुशलता में कार्य है।" आसन का अभ्यास केवल मुद्राओं को करने के बारे में नहीं है; यह हमारे जीवन के सभी पहलुओं में एक ध्यानपूर्ण और कुशल दृष्टिकोण विकसित करने के बारे में है।

आसन के सिद्धांतों को अपने दैनिक जीवन में शामिल करके, हम अपने साथ, दूसरों के साथ, और हमारे चारों ओर की दुनिया के साथ अपने संबंध को बदल सकते हैं। हम आत्म-जागरूकता, करुणा और आंतरिक शांति की गहरी भावना को विकसित कर सकते हैं। हम योग के सच्चे अर्थ की खोज कर सकते हैं, इसे केवल शारीरिक अभ्यास के रूप में नहीं बल्कि जीवन के एक मार्ग के रूप में समझ सकते हैं।

जीवन की इस संगीत की धुन में, आसन वह सामंजस्यपूर्ण संगीत है जो हमारे आत्मा की गहरी इच्छाओं के साथ गूंजता है, स्वास्थ्य, जीवन शक्ति और कल्याण की ओर प्रेरित करता है। यह वह लयबद्ध नृत्य है जो हमें हमारे शरीर, हमारे श्वास और हमारे आंतरिक ज्ञान के साथ जोड़ता है। आसन के अभ्यास को अपनाकर, हम अपने भीतर की अनंत संभावनाओं को जागृत करते हैं, और हम योग के सच्चे अर्थ को खोजते हैं, एक संपूर्णता और मुक्ति के मार्ग के रूप में।

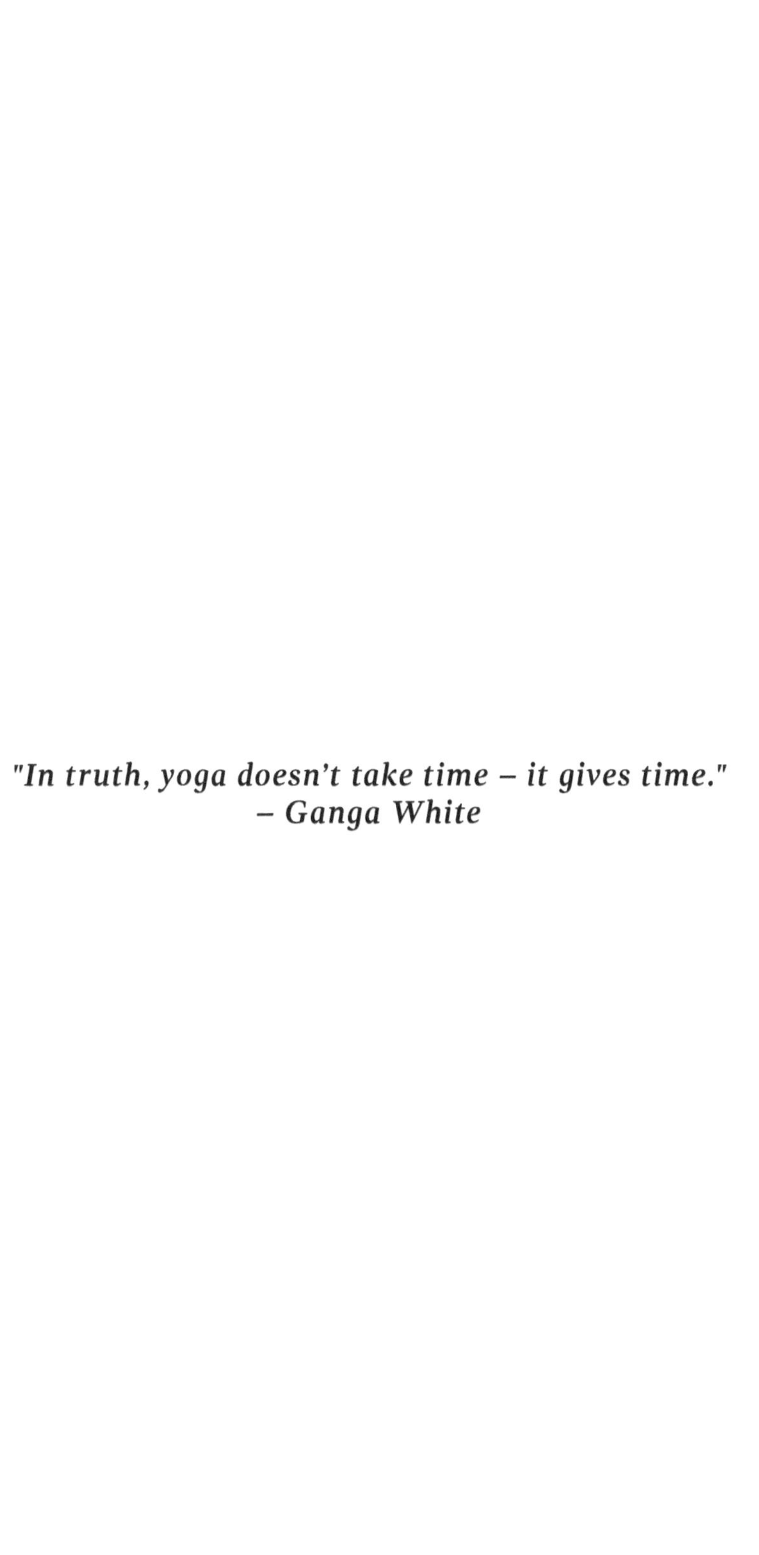

"In truth, yoga doesn't take time – it gives time."
– Ganga White

7

प्राणायाम: श्वास का विज्ञान और जीवन शक्ति का विस्तार

योगिक अभ्यासों की जटिल बुनावट में, प्राणायाम एक उज्जवल धागे की तरह उभरता है, जो हमारे शारीरिक, मानसिक और आध्यात्मिक आयामों को एक साथ जोड़ता है। पतंजलि के अष्टांग योग के चौथे अंग के रूप में, प्राणायाम, जिसे अक्सर "श्वास नियंत्रण" या "जीवन शक्ति का विस्तार" कहा जाता है, श्वास की शक्ति का उपयोग करने के लिए विभिन्न तकनीकों का समूह है। अक्सर आसन के अधिक दृश्यमान शारीरिक मुद्राओं की तुलना में इसे नजरअंदाज कर दिया जाता है, लेकिन योगिक परंपरा में प्राणायाम का गहरा महत्व है, जो आंतरिक शांति, जीवन शक्ति और आत्म-जागरूकता का मार्ग प्रदान करता है।

प्राणायाम का मूल उद्देश्य श्वास को सचेत रूप से नियंत्रित और संचालित करना है। इसमें श्वास के विभिन्न पहलुओं जैसे श्वास लेना, श्वास छोड़ना, श्वास रोकना और श्वास को रोक कर रखना शामिल है। ये तकनीकें सरल या जटिल, कोमल या तीव्र हो सकती हैं, जो साधक के अनुभव और लक्ष्यों पर निर्भर करती हैं।

श्वास, जिसे अक्सर स्वाभाविक शारीरिक क्रिया के रूप में लिया जाता है, हमारे शरीर को ऑक्सीजन पहुंचाने का एक साधन मात्र नहीं है। योगिक दर्शन में, श्वास को शरीर और मन के बीच एक पुल के रूप में देखा जाता है, प्राण का वाहक, वह

जीवन ऊर्जा जो सभी जीवित प्राणियों में प्रवाहित होती है। अपनी श्वास को सचेत रूप से नियंत्रित करके, हम प्राण के प्रवाह को प्रभावित कर सकते हैं, जिससे हमारे शारीरिक, मानसिक और भावनात्मक स्थितियों पर असर पड़ता है।

प्राणायाम के मुख्य सिद्धांतों में से एक प्राण वायु का विचार है, जो पांच प्रकार की महत्वपूर्ण वायु होती हैं जो विभिन्न शारीरिक और मानसिक कार्यों को नियंत्रित करती हैं। ये वायु हैं प्राण (अंदर की ओर प्रवाहित होने वाली वायु), अपान (नीचे और बाहर की ओर प्रवाहित होने वाली वायु), समान (अवशोषित और पचाने वाली वायु), उदान (ऊपर की ओर प्रवाहित होने वाली वायु) और व्यान (विस्तारित होने वाली वायु)। प्रत्येक वायु के विशेष गुण और कार्य होते हैं, और प्राणायाम की तकनीकों का उपयोग करके उनके प्रवाह को संतुलित और सामंजस्यपूर्ण बनाया जा सकता है, जिससे संपूर्ण स्वास्थ्य और कल्याण को बढ़ावा मिलता है।

प्राणायाम का अभ्यास श्वास की साधारण जागरूकता से शुरू होता है। अपनी प्राकृतिक श्वास पैटर्न का अवलोकन करके, हम अपने शरीर और मन के प्रति अधिक सचेत हो सकते हैं। हम देख सकते हैं कि हमारी श्वास उथली या अनियमित है, या यह विभिन्न भावनाओं या गतिविधियों के अनुसार बदलती है। यह जागरूकता श्वास को सचेत रूप से नियंत्रित करने की पहली सीढ़ी है।

सबसे बुनियादी प्राणायाम तकनीकों में से एक है दीर्घ प्राणायाम या तीन-भाग श्वास। इसमें धीरे-धीरे और गहरी श्वास लेना शामिल है, सबसे पहले पेट भरता है, फिर पसलियां, और अंत में छाती। इसी क्रम में श्वास छोड़ना होता है, छाती से, फिर पसलियों से, और अंत में पेट से। यह तकनीक फेफड़ों की क्षमता को बढ़ाने, तंत्रिका तंत्र को शांत करने और आराम को बढ़ावा देने में सहायक है।

एक और सामान्य प्राणायाम तकनीक है नाड़ी शोधन प्राणायाम या वैकल्पिक नासिका श्वास। इसमें एक नासिका को बंद करके दूसरी नासिका से श्वास लेना और फिर दूसरी नासिका से श्वास छोड़ना शामिल है। कहा जाता है कि यह तकनीक शरीर में प्राण के प्रवाह को संतुलित करती है, नाड़ियों (ऊर्जा चैनल) को शुद्ध करती है और मानसिक स्पष्टता और एकाग्रता को बढ़ावा देती है।

कपालभाति प्राणायाम, या कपाल चमकाने वाली श्वास, एक अधिक तीव्र तकनीक

है जिसमें नाक से जोरदार श्वास छोड़ने और निष्क्रिय श्वास लेने का क्रम होता है। कहा जाता है कि यह तकनीक श्वास तंत्र को शुद्ध करती है, शरीर को ऊर्जावान बनाती है और पाचन अग्नि को उत्तेजित करती है।

भस्त्रिका प्राणायाम, या धौंकनी श्वास, एक अन्य ऊर्जावान तकनीक है जिसमें दोनों नासिकाओं से तेजी से और जोरदार श्वास लेना और छोड़ना शामिल है। कहा जाता है कि यह तकनीक शरीर में गर्मी बढ़ाती है, रक्त को शुद्ध करती है और सुप्त ऊर्जा को जाग्रत करती है।

भ्रामरी प्राणायाम, या मधुमक्खी श्वास, एक शांत तकनीक है जिसमें गहरी श्वास लेकर धीरे-धीरे छोड़ते हुए मधुमक्खी जैसी गुनगुनाहट की आवाज़ करना शामिल है। कहा जाता है कि यह तकनीक तंत्रिका तंत्र को शांत करती है, तनाव और चिंता को कम करती है और गहरी शांति को बढ़ावा देती है।

ये केवल कुछ उदाहरण हैं जो प्राणायाम तकनीकों के लाभ और अनुप्रयोगों को दर्शाते हैं। प्रत्येक तकनीक के अपने अद्वितीय लाभ होते हैं, और इन्हें एक योग्य शिक्षक के मार्गदर्शन में ही अभ्यास करना चाहिए।

प्राणायाम का नियमित अभ्यास हमारे शारीरिक, मानसिक और भावनात्मक स्वास्थ्य पर गहरा प्रभाव डाल सकता है। शारीरिक रूप से, यह श्वास कार्य को सुधार सकता है, प्रतिरक्षा प्रणाली को मजबूत कर सकता है और हृदय स्वास्थ्य को बढ़ा सकता है। मानसिक रूप से, यह तनाव को कम कर सकता है, एकाग्रता को बढ़ा सकता है और स्पष्टता तथा ध्यान केंद्रित करने की क्षमता को बढ़ा सकता है। भावनात्मक रूप से, यह शांति को बढ़ावा दे सकता है, चिंता और अवसाद को कम कर सकता है और आंतरिक शांति तथा कल्याण की भावना को पैदा कर सकता है।

प्राणायाम केवल शारीरिक व्यायाम नहीं है; यह एक आध्यात्मिक अभ्यास है जो गहरी आत्म-परिवर्तन की ओर ले जा सकता है। अपनी श्वास को सचेत रूप से नियंत्रित करके, हम अपनी आंतरिक चेतना के गहरे स्तरों तक पहुंच सकते हैं और अपनी आंतरिक बुद्धि का लाभ उठा सकते हैं। हम अपने आप, दूसरों और पूरे ब्रह्मांड के साथ एक गहरे संबंध का अनुभव कर सकते हैं।

प्राचीन योगिक ग्रंथ हठ योग प्रदीपिका के शब्दों में, "जब श्वास भटकती है, तो मन भी अस्थिर होता है। लेकिन जब श्वास शांत होती है, तो मन भी शांत हो जाता है, और योगी को लंबी आयु प्राप्त होती है।" प्राणायाम का अभ्यास मन को शांत करने, विचारों को स्थिर करने और आंतरिक शांति को बढ़ावा देने का एक शक्तिशाली साधन है।

प्राणायाम की यात्रा पर निकलते समय, यह याद रखना महत्वपूर्ण है कि यह एक धीरे-धीरे होने वाली प्रक्रिया है, जिसमें धैर्य, संकल्प और मार्गदर्शन की आवश्यकता होती है। यह श्वास को जबरदस्ती नियंत्रित करने या त्वरित परिणाम प्राप्त करने का प्रयास नहीं है। बल्कि, यह हमारी श्वास के साथ एक कोमल और प्रेमपूर्ण संबंध विकसित करने का माध्यम है, जो इसे स्वाभाविक और सहजता से प्रवाहित होने देता है।

प्राणायाम का अभ्यास एक गहन और परिवर्तनकारी अनुभव हो सकता है, जो बेहतर स्वास्थ्य, जीवन शक्ति और आत्म-जागरूकता की ओर मार्ग प्रदान करता है। श्वास की शक्ति को नियंत्रित करके, हम अपनी पूर्ण क्षमता को जाग्रत कर सकते हैं और एक जीवन जी सकते हैं जिसमें आनंद, शांति और पूर्णता हो।

"योग जीवन को लंबा नहीं बनाता, बल्कि उसे गहरा बनाता है।"

Yoga doesn't just add years to your life, it adds life to your years.

8

प्रत्याहार: इंद्रियों की वापसी और भीतर की यात्रा

योगिक अभ्यासों की जटिल बुनावट में, प्रत्याहार एक सूक्ष्म लेकिन गहरे धागे के रूप में उभरता है, जो हमें आंतरिक खोज और आत्म-आविष्कार की यात्रा पर ले जाता है। पतंजलि के अष्टांग योग के पांचवे अंग के रूप में, प्रत्याहार, जिसे अक्सर "इंद्रियों का वापसी" कहा जाता है, हमारे इंद्रियों को बाहरी उद्दीपनों से अलग करने का सचेत प्रयास है, जिससे हम अपनी चेतना को भीतर की ओर मोड़ सकते हैं और अपनी आत्मा की गहराई में प्रवेश कर सकते हैं।

हमारे आधुनिक संसार में, हम लगातार विभिन्न स्रोतों से इंद्रिय-संबंधी इनपुट से प्रभावित होते हैं - सोशल मीडिया का अंतहीन शोर, विज्ञापनों की चमकती रोशनी और तेज़ आवाजें, सूचना और मनोरंजन की निरंतर धारा। हमारी इंद्रियां लगातार सक्रिय रहती हैं, जिससे आत्म-निरीक्षण और आत्म-चिंतन के लिए बहुत कम स्थान बचता है।

प्रत्याहार इस इंद्रिय अतिभार से एक राहत प्रदान करता है, एक शांतिपूर्ण आश्रय जहां हम अपने आंतरिक स्वयं से पुनः जुड़ सकते हैं। यह बाहरी संसार से अपनी चेतना को हटाकर अपने आंतरिक संसार पर ध्यान केंद्रित करने का अभ्यास है।

इंद्रियों का यह वापसी संसार का अस्वीकरण नहीं है, बल्कि यह गहरी आत्म-जागरूकता के लिए स्थान बनाने का एक सचेत विकल्प है। यह इस बात की स्वीकृति है कि सच्चा ज्ञान और समझ भीतर से आती है, बाहरी स्रोतों से नहीं। भीतर की ओर मुड़कर, हम ज्ञान और अंतर्दृष्टि के उस स्रोत तक पहुंच सकते हैं जो अक्सर दैनिक जीवन के विकर्षणों से ढका रहता है।

प्रत्याहार का अभ्यास हमारी इंद्रियों की सरल जागरूकता के साथ शुरू होता है। हम यह अवलोकन करते हैं कि हमारी आँखें दृश्य उद्दीपनों की ओर कैसे आकर्षित होती हैं, हमारे कान ध्वनियों से कैसे प्रभावित होते हैं, हमारी त्वचा स्पर्श के प्रति कैसे प्रतिक्रिया देती है, हमारी स्वाद कलिकाएं स्वाद से कैसे आनंदित होती हैं, और हमारी नाक सुगंधों से कैसे उत्तेजित होती है। अपनी इंद्रिय अनुभवों के प्रति अधिक सचेत होकर, हम उन पर नियंत्रण प्राप्त कर सकते हैं।

प्रत्याहार का अभ्यास करने का एक प्रभावी तरीका ध्यान के माध्यम से है। शांति में बैठकर और अपने श्वास पर ध्यान केंद्रित करके, हम धीरे-धीरे अपनी इंद्रियों को बाहरी संसार से अलग कर सकते हैं। जैसे-जैसे हम ध्यान में अधिक निपुण होते हैं, हमें यह अनुभव हो सकता है कि हम बाहरी उथल-पुथल के बीच भी एक आंतरिक शांति बनाए रख सकते हैं।

प्रत्याहार का एक और तरीका सचेत गति, जैसे योग या ताई ची के माध्यम से है। ये अभ्यास हमें अपने शरीर की गतिविधियों पर ध्यान केंद्रित करने के लिए प्रेरित करते हैं, बजाय बाहरी विकर्षणों के। जैसे-जैसे हम अपने शरीर के प्रति अधिक संवेदनशील होते हैं, हम ऊर्जा और संवेदनाओं में सूक्ष्म परिवर्तन को नोटिस करना शुरू कर सकते हैं, जिससे आत्म-जागरूकता में वृद्धि होती है।

प्रत्याहार को हमारे दैनिक जीवन में भी अभ्यास किया जा सकता है, जैसे कि प्रत्येक दिन कुछ क्षण लेकर तकनीक और अन्य बाहरी उद्दीपनों से अलग हो जाना। यह प्रकृति में समय बिताने, शांत संगीत सुनने, या बस शांति में बैठकर अपने विचारों और भावनाओं का अवलोकन करने के रूप में हो सकता है।

प्रत्याहार के लाभ अनेक और गहरे हैं। शारीरिक रूप से, यह तनाव को कम कर सकता है, नींद में सुधार कर सकता है, और संपूर्ण स्वास्थ्य को बढ़ावा दे सकता

है। मानसिक रूप से, यह एकाग्रता में सुधार कर सकता है, स्पष्टता और ध्यान को बढ़ा सकता है, और चिंता और अवसाद को कम कर सकता है। भावनात्मक रूप से, यह आत्म-जागरूकता को बढ़ावा दे सकता है, भावनात्मक लचीलापन को बढ़ा सकता है, और आंतरिक शांति और संतोष की भावना को उत्पन्न कर सकता है।

आध्यात्मिक रूप से, प्रत्याहार गहरे ध्यान और चिंतन के लिए द्वार खोल सकता है। बाहरी संसार से हमारी इंद्रियों को अलग करके, हम आंतरिक मौन के लिए स्थान बना सकते हैं, जिससे हम अपने उच्चतर आत्म से जुड़ सकते हैं और अपनी आंतरिक बुद्धि का लाभ उठा सकते हैं।

प्राचीन योगिक ग्रंथ, पतंजलि के योग सूत्र में कहा गया है, "प्रत्याहार इंद्रियों का अपने विषयों से हटना और मन में स्थापित होना है।" बाहरी संसार से अपनी इंद्रियों को अलग करके, हम अपनी चेतना को भीतर की ओर मोड़ सकते हैं और अपने और ब्रह्मांड में अपने स्थान की गहरी समझ विकसित कर सकते हैं।

प्रत्याहार का अभ्यास हमेशा आसान नहीं होता। हमारे आधुनिक संसार में, हम लगातार इंद्रिय-संबंधी इनपुट से प्रभावित होते हैं, और जानकारी और मनोरंजन की निरंतर धारा से अलग होना चुनौतीपूर्ण हो सकता है। हालाँकि, अभ्यास और धैर्य के साथ, हम अपनी इंद्रियों को अलग करना और भीतर की ओर मुड़ना सीख सकते हैं, जिससे आंतरिक शांति और बुद्धि का स्रोत प्राप्त होता है।

प्रत्याहार का अभ्यास आत्म-खोज की यात्रा है, वह परतों को हटाना है जो हमारी सच्ची प्रकृति को ढकते हैं। भीतर की ओर मुड़कर, हम अपने प्रामाणिक स्वरूप से पुनः जुड़ सकते हैं, अपनी आकांक्षाओं और उद्देश्यों को फिर से खोज सकते हैं, और अधिक अर्थपूर्ण और संपूर्ण जीवन जी सकते हैं।

प्रसिद्ध योग शिक्षक बी.के.एस. अयंगर के शब्दों में, "प्रत्याहार जीवन से भागना या इंद्रियों का अस्वीकरण नहीं है। यह स्वयं के पास लौटना है।" बाहरी संसार से अपनी इंद्रियों को अलग करके, हम अपने भीतर एक शांति का आश्रय बना सकते हैं, जहां हम विश्राम कर सकते हैं, पुनः ऊर्जावान हो सकते हैं और अपनी आंतरिक रोशनी से जुड़ सकते हैं।

जैसे-जैसे हम प्रत्याहार की गहराइयों का अन्वेषण करते हैं, हम यह खोज सकते हैं कि यह केवल एक अभ्यास नहीं, बल्कि जीवन जीने का एक तरीका है। यह वर्तमान में रहने का एक तरीका है, प्रत्येक इंद्रिय अनुभव का बिना निर्णय या आसक्ति के पूर्ण अनुभव करना। यह बाहरी परिस्थितियों से स्वतंत्र एक गहरी आंतरिक शांति और संतोष को विकसित करने का तरीका है।

जीवन की सिम्फनी में, प्रत्याहार वह मधुर ठहराव है, वह शांत अंतराल जहां संगीत सबसे गहराई से प्रतिध्वनित होता है। यह वह शांति है जो हमें अपनी आत्मा की फुसफुसाहट को सुनने की अनुमति देती है, वह स्थिरता जो हमारे अस्तित्व की सच्चाई को प्रकट करती है। प्रत्याहार के अभ्यास को अपनाकर, हम भीतर की असीम संभावनाओं को जाग्रत कर सकते हैं और योग का सच्चा अर्थ, संपूर्णता और मुक्ति का मार्ग खोज सकते हैं।

"The nature of yoga is to shine the light of awareness into the darkest corners of the body."
— Jason Crandell

9

धारणा: एकाग्रता की शक्ति और मानसिक स्थिरता का अभ्यास

योगिक अभ्यासों की जटिल बुनावट में, धारणा एक एकाग्रता और फोकस का प्रकाशस्तंभ बनकर उभरती है, जो गहरे आत्म-जागरूकता और आध्यात्मिक जागरूकता की ओर मार्ग प्रशस्त करती है। पतंजलि के अष्टांग योग के छठे अंग के रूप में, धारणा, जिसे अक्सर "एकाग्रता" या "एक-बिंदु पर ध्यान" कहा जाता है, का अर्थ मन को एक ही वस्तु या बिंदु पर केंद्रित करने के अभ्यास से है। यह योग के बाहरी अभ्यासों, जैसे आसन और प्राणायाम, और आंतरिक अभ्यासों, जैसे ध्यान (ध्यान) और समाधि (अवशोषण) के बीच एक पुल है।

धारणा की तुलना अक्सर उस आवर्धक कांच से की जाती है जो सूर्य की किरणों को एक ही बिंदु पर केंद्रित करता है, जिससे तीव्र गर्मी और प्रकाश उत्पन्न होता है। उसी प्रकार, धारणा का अभ्यास मन की बिखरी हुई ऊर्जा को एक ही वस्तु पर केंद्रित करता है, जिससे गहरी एकाग्रता और जागरूकता की स्थिति उत्पन्न होती है। यह एकाग्रता हमें बाहरी संसार के विकर्षणों को पार करने और अपने अस्तित्व की गहराई में प्रवेश करने की अनुमति देती है।

धारणा का अभ्यास इंद्रियों की वापसी (प्रत्याहार) से शुरू होता है, क्योंकि हम अपनी चेतना को भीतर की ओर मोड़ते हैं और इंद्रिय-संबंधी इनपुट के लगातार

हमले से अलग हो जाते हैं। एक बार जब इंद्रियाँ शांत हो जाती हैं, तो हम अपने मन को एक ही वस्तु पर केंद्रित करना शुरू कर सकते हैं। यह वस्तु बाहरी हो सकती है, जैसे एक मोमबत्ती की लौ, एक फूल, या एक मंत्र, या यह आंतरिक हो सकती है, जैसे श्वास, एक चक्र, या एक मानसिक छवि।

सफल धारणा का रहस्य उस वस्तु का चयन करने में है जो हमारे साथ मेल खाती हो, जो हमारी रुचि को बनाए रखे और हमारे ध्यान को आकर्षित करे। एक आरामदायक और शांत जगह ढूंढना भी महत्वपूर्ण है जहाँ हम बिना किसी विकर्षण के अभ्यास कर सकें। एक बार जब हमने अपनी वस्तु का चयन कर लिया और एक उपयुक्त वातावरण पा लिया, तो हम धारणा का अभ्यास शुरू कर सकते हैं।

धारणा का अभ्यास करने के कई विभिन्न तकनीकें हैं, लेकिन मूल सिद्धांत वही है: मन को एक ही बिंदु पर केंद्रित करना और उस ध्यान को यथासंभव लंबे समय तक बनाए रखना। शुरुआत में यह चुनौतीपूर्ण हो सकता है, क्योंकि मन स्वाभाविक रूप से बेचैन होता है और भटकने की प्रवृत्ति रखता है। हालांकि, अभ्यास और धैर्य के साथ, हम मन को अधिक केंद्रित और एकाग्र होने के लिए प्रशिक्षित कर सकते हैं।

धारणा का अभ्यास करने की एक सामान्य तकनीक त्राटक या मोमबत्ती देखना है। इसमें बिना पलक झपकाए जितनी देर हो सके एक मोमबत्ती की लौ पर ध्यान केंद्रित करना शामिल है। जैसे-जैसे हम लौ को देखते हैं, हम अपने मन को उस छवि पर केंद्रित रखने की कोशिश करते हैं, किसी भी विचार या विकर्षण को छोड़ देते हैं। यह अभ्यास एकाग्रता को बेहतर बनाने, आँखों को मजबूत करने और मन को शांत करने में मदद कर सकता है।

धारणा का अभ्यास करने की एक और तकनीक मंत्र पुनरावृत्ति है। इसमें "ॐ" या "सो हम" जैसे मंत्र को चुपचाप दोहराना शामिल है, जबकि मन को मंत्र की ध्वनि और कंपन पर केंद्रित करना होता है। यह अभ्यास मन को शांत करने, तनाव और चिंता को कम करने, और आंतरिक शांति की भावना को बढ़ावा देने में मदद कर सकता है।

प्रयोग की गई तकनीक की परवाह किए बिना, सफल धारणा का रहस्य ध्यान की वस्तु से एक प्रकार की असक्ति विकसित करना है। इसका मतलब है कि वस्तु या एकाग्रता के अनुभव के प्रति अधिक लगाव नहीं होना चाहिए। इसके बजाय, हम बस वस्तु को एक तटस्थ और खुले मन से देखते हैं, मन को वर्तमान क्षण में विश्राम करने देते हैं।

जैसे-जैसे हम धारणा के अपने अभ्यास को गहरा करते हैं, हमें शारीरिक और मानसिक लाभों का अनुभव हो सकता है। शारीरिक रूप से, यह तनाव को कम कर सकता है, नींद में सुधार कर सकता है, और समग्र कल्याण को बढ़ावा दे सकता है। मानसिक रूप से, यह एकाग्रता को बढ़ा सकता है, स्पष्टता और ध्यान को बढ़ा सकता है, और चिंता और अवसाद को कम कर सकता है। भावनात्मक रूप से, यह आत्म-जागरूकता को बढ़ावा दे सकता है, भावनात्मक लचीलापन को बढ़ा सकता है, और आंतरिक शांति और संतोष की भावना को उत्पन्न कर सकता है।

आध्यात्मिक रूप से, धारणा ध्यान और चिंतन की गहरी अवस्थाओं का द्वार खोल सकती है। मन को एक ही बिंदु पर केंद्रित करके, हम अहंकार की सीमाओं को पार कर सकते हैं और अपने उच्चतर आत्म से जुड़ सकते हैं। इससे आंतरिक शांति, आनंद और सृष्टि के साथ एक गहरे संबंध की भावना उत्पन्न हो सकती है।

प्राचीन योगिक ग्रंथ, पतंजलि के योग सूत्र में कहा गया है, "धारणा एक ही स्थान, वस्तु, या विचार से मन को बाँधना है।" अपने मन को एक ही बिंदु पर केंद्रित करके, हम एकाग्रता की शक्ति का लाभ उठा सकते हैं और अपने भीतर छिपी हुई संभावनाओं को उजागर कर सकते हैं।

धारणा का अभ्यास आत्म-खोज की एक यात्रा है, मन की सच्ची प्रकृति को उजागर करने की प्रक्रिया है। जैसे ही हम मन को शांत करना और अपने ध्यान को केंद्रित करना सीखते हैं, हम खुद को अधिक स्पष्ट रूप से देखना शुरू करते हैं, बिना विचार और व्यवहार के हमारे आदतन पैटर्न के विकृतियों के।

धारणा केवल योगियों और ध्यान करने वालों के लिए ही नहीं है; यह एक कौशल है जिसे हम अपने जीवन के सभी पहलुओं में लागू कर सकते हैं। एकाग्रता को बढ़ावा देकर, हम अपने काम में प्रदर्शन, दूसरों के साथ अपने संबंधों में सुधार कर सकते

हैं, और अपने जीवन की समग्र गुणवत्ता को बढ़ा सकते हैं।

प्रसिद्ध मनोवैज्ञानिक, मिहाय सिक्स्ज़ेंटमिहाय के शब्दों में, "हमारे जीवन के सर्वोत्तम क्षण वे नहीं होते जब हम निष्क्रिय, ग्रहणशील, आराम कर रहे होते हैं... हमारे जीवन के सर्वोत्तम क्षण अक्सर तब आते हैं जब हमारे शरीर या मन को कुछ कठिन और सार्थक हासिल करने के प्रयास में अपनी सीमाओं तक खींचा जाता है।" धारणा का अभ्यास करके, हम एकाग्रता और फोकस के नए आयामों तक पहुँचने की चुनौती को अपना सकते हैं, अपनी पूरी क्षमता को उजागर कर सकते हैं और एक अधिक उद्देश्यपूर्ण और अर्थपूर्ण जीवन जी सकते हैं।

धारणा का अभ्यास एक जीवन भर की यात्रा है, एक निरंतर सुधार और गहराई का क्रमिक प्रक्रिया है। जैसे-जैसे हम योग के मार्ग पर आगे बढ़ते हैं, हमें अनुभव हो सकता है कि हमारी एकाग्रता की क्षमता मजबूत और स्थिर होती जा रही है। हमें नए ध्यान केंद्रित करने वाले वस्तुओं की खोज भी हो सकती है जो हमारे साथ गहरे स्तर पर प्रतिध्वनित होती हैं।

अंततः, धारणा का अभ्यास किसी विशिष्ट लक्ष्य या परिणाम को प्राप्त करने के बारे में नहीं है। यह एक सचेत जागरूकता की स्थिति को विकसित करने के बारे में है, वर्तमान क्षण में पूरी तरह से उपस्थित होने के बारे में है। वर्तमान क्षण पर अपना ध्यान केंद्रित करके, हम अहंकार की सीमाओं को पार कर सकते हैं और उस असीम ज्ञान और करुणा से जुड़ सकते हैं जो हममें से प्रत्येक के भीतर रहती है।

जीवन की सिम्फनी में, धारणा वह संचालक की छड़ी है जो हमारे विचारों और भावनाओं के आर्केस्ट्रा को एक सामंजस्यपूर्ण अवस्था की ओर मार्गदर्शन करती है। यह स्थिर हाथ है जो हमारे चेतना के जहाज को जीवन की अशांत लहरों के माध्यम से मार्गदर्शन करता है। धारणा के अभ्यास को अपनाकर, हम उन अनंत संभावनाओं को जाग्रत करते हैं जो भीतर निहित हैं, और योग का सच्चा अर्थ, संपूर्णता और मुक्ति का मार्ग खोजते हैं।

"Yoga means addition – addition of energy, strength and beauty to body, mind and soul."
– Amit Ray

10

ध्यान: शांति, स्पष्टता और आत्म-जागरूकता की कला

योगिक अभ्यास की शांत गहराई में, ध्यान एक शांतिपूर्ण नखलिस्तान के रूप में उभरता है, हमें आत्म-खोज और आध्यात्मिक जागृति की गहरी यात्रा पर ले जाने के लिए आमंत्रित करता है। पतंजलि के अष्टांग योग के सातवें अंग के रूप में, ध्यान, जिसे अक्सर "मेडिटेशन" कहा जाता है, का अर्थ निरंतर एकाग्रता की प्रवाहशीलता से है। यह पिछले अंगों का समापन है, जो नैतिक अनुशासन (यम और नियम), शारीरिक आसन (आसन), श्वास नियंत्रण (प्राणायाम), इंद्रिय संकोच (प्रत्याहार), और एकाग्रता (धारणा) पर आधारित है।

ध्यान को अक्सर एक सहज जागरूकता की अवस्था के रूप में वर्णित किया जाता है, जहाँ मन स्थिर और मौन हो जाता है, विचारों और भावनाओं के विकर्षणों से मुक्त। यह एक शुद्ध अस्तित्व की स्थिति है, जहाँ हम अपने सबसे आंतरिक स्व से जुड़ते हैं और शांति और संतोष की गहरी भावना का अनुभव करते हैं।

ध्यान का अभ्यास धारणा से शुरू होता है, जहाँ हम एक वस्तु या बिंदु पर ध्यान केंद्रित करते हैं। जैसे-जैसे हमारी एकाग्रता गहरी होती है, मन धीरे-धीरे शांत और स्थिर होता जाता है। विचार और विकर्षण उत्पन्न हो सकते हैं, लेकिन हम उन्हें बिना किसी निर्णय या लगाव के केवल देखना सीखते हैं, उन्हें आकाश में बादलों

की तरह हमारे ज्ञान से गुजरने देते हैं।

जैसे ही मन अधिक शांत हो जाता है, हम ध्यान की अवस्था में प्रवेश करते हैं, जहाँ हमारी एकाग्रता की वस्तु हमारे ज्ञान में विलीन हो जाती है। हम उस वस्तु के साथ एक हो जाते हैं, सृष्टि की सभी चीजों के साथ एकता और संबंध की भावना का अनुभव करते हैं। इस अवशोषण की अवस्था में गहरे शांति, आनंद और संतोष की भावना होती है।

ध्यान का अभ्यास करने के कई तरीके हैं, लेकिन मूल सिद्धांत एक ही है: एक ऐसी जागरूकता की अवस्था को विकसित करना, जहाँ मन विकर्षणों से मुक्त हो और ध्यान वर्तमान क्षण पर हो। कुछ सामान्य तकनीकों में माइंडफुलनेस मेडिटेशन, मंत्र मेडिटेशन, गाइडेड विज़ुअलाइज़ेशन, और लविंग-काइंडनेस मेडिटेशन शामिल हैं।

माइंडफुलनेस मेडिटेशन में श्वास या शरीर की अन्य संवेदनाओं पर ध्यान केंद्रित करना शामिल है, इसे बिना किसी निर्णय के देखना। मंत्र मेडिटेशन में "ॐ" या "सो हम" जैसे मंत्र को चुपचाप दोहराना शामिल है, जबकि मन को मंत्र की ध्वनि और कंपन पर केंद्रित करना। गाइडेड विज़ुअलाइज़ेशन में एक शांत दृश्य या वस्तु की मानसिक छवि बनाना शामिल है, और फिर छवि के विवरण पर ध्यान केंद्रित करना। लविंग-काइंडनेस मेडिटेशन में अपने और दूसरों के प्रति प्रेम और करुणा की भावना को बढ़ावा देना शामिल है।

प्रयोग की गई तकनीक की परवाह किए बिना, सफल ध्यान का रहस्य नियमित और निरंतर अभ्यास में है। यह भी महत्वपूर्ण है कि हम एक शांत और आरामदायक स्थान ढूंढें जहाँ हम बिना किसी विकर्षण के अभ्यास कर सकें। किसी भी कौशल की तरह, जितना अधिक हम ध्यान का अभ्यास करते हैं, उतना ही आसान होगा ध्यान की अवस्था में प्रवेश करना।

ध्यान के लाभ कई और गहरे हैं। शारीरिक रूप से, यह तनाव को कम कर सकता है, रक्तचाप को कम कर सकता है, और प्रतिरक्षा प्रणाली को बढ़ावा दे सकता है। मानसिक रूप से, यह एकाग्रता में सुधार कर सकता है, रचनात्मकता को बढ़ा सकता है, और स्मृति और सीखने को बढ़ावा दे सकता है। भावनात्मक रूप से, यह

चिंता और अवसाद को कम कर सकता है, आत्म-सम्मान को बढ़ा सकता है, और आंतरिक शांति और कल्याण की भावना को बढ़ावा दे सकता है।

आध्यात्मिक रूप से, ध्यान हमें अपने आप को और ब्रह्मांड में अपने स्थान को गहराई से समझने की ओर ले जा सकता है। यह हमें हमारी आंतरिक बुद्धिमता से जुड़ने, करुणा और सहानुभूति विकसित करने, और हमें आध्यात्मिक प्राणियों के रूप में हमारे सच्चे स्वरूप को जागृत करने में मदद कर सकता है।

प्राचीन योगिक ग्रंथ भगवद गीता के शब्दों में, "मन अशांत, बेचैन, और बहुत बलवान है, हे कृष्ण, और इसे वश में करना हवा को नियंत्रित करने से अधिक कठिन है।" ध्यान वह अभ्यास है जो हमें मन के जंगली घोड़े को काबू में लाने की अनुमति देता है, इसे नियंत्रण में लाने और इसके शक्ति को अच्छे के लिए उपयोग करने की अनुमति देता है।

ध्यान का अभ्यास आत्म-खोज की यात्रा है, उन परतों को उजागर करने की प्रक्रिया है जो हमारे सच्चे स्वरूप को धूमिल करती हैं। जैसे-जैसे हम मन को शांत करना और अपने आंतरिक स्व से जुड़ना सीखते हैं, हम दुनिया को नई आँखों से देखते हैं, जिसमें विस्मय, आश्चर्य और कृतज्ञता होती है।

ध्यान केवल योगियों और आध्यात्मिक खोजकर्ताओं के लिए ही नहीं है; यह एक उपकरण है जो सभी को लाभ पहुँचा सकता है। हमारे तेज़ और तनावपूर्ण आधुनिक दुनिया में, मन को शांत करने और आंतरिक शांति पाने की क्षमता पहले से कहीं अधिक महत्वपूर्ण है। ध्यान को अपने दैनिक जीवन में शामिल करके, हम तनाव को कम कर सकते हैं, अपने स्वास्थ्य को सुधार सकते हैं, और एक बड़ी भलाई की भावना को विकसित कर सकते हैं।

प्रसिद्ध ध्यान शिक्षक, शेरोन साल्ज़बर्ग के शब्दों में, "मेडिटेशन का उद्देश्य विचारों या भावनाओं को समाप्त करना नहीं है। यह उनसे अलग तरीके से जुड़ना सीखने के बारे में है।" ध्यान के अभ्यास के माध्यम से, हम अपने विचारों और भावनाओं को बिना किसी निर्णय या लगाव के देखना सीखते हैं, उन्हें समुद्र में लहरों की तरह आने और जाने देते हैं।

जैसे-जैसे हम ध्यान का अभ्यास गहरा करते हैं, हम विभिन्न रहस्यमय अनुभवों का अनुभव कर सकते हैं, जैसे दर्शन, अंतर्दृष्टि, और ब्रह्मांड के साथ एकता की भावना। ये अनुभव गहरे और परिवर्तनकारी हो सकते हैं, जो हमें हमारे आप और ब्रह्मांड में हमारे स्थान की गहरी समझ की ओर ले जाते हैं।

अंततः, ध्यान का अभ्यास किसी विशिष्ट लक्ष्य या परिणाम को प्राप्त करने के बारे में नहीं है। यह एक अस्तित्व की अवस्था को विकसित करने के बारे में है, एक जीवन जीने का तरीका जो माइंडफुलनेस, करुणा, और ज्ञान में निहित है। ध्यान के अभ्यास को अपनाकर, हम अपनी भीतर की अनंत संभावनाओं को जाग्रत करते हैं, और योग का सच्चा अर्थ - ज्ञान और मुक्ति का पथ - खोजते हैं।

"योग शरीर के लिए व्यायाम नहीं, बल्कि आत्मा के लिए साधना है।"
Yoga is not just exercise for the body, but a practice for the soul.

11

समाधि: परम शांति और दिव्य एकता की अवस्था

योगिक दर्शन की गहरी गहराइयों में, समाधि आध्यात्मिक उपलब्धि का शिखर और अष्टांग योग का अंतिम लक्ष्य बनकर उभरती है। इसे अक्सर एक आनंदमयी एकता या अवशोषण की अवस्था के रूप में वर्णित किया जाता है, जहाँ हम अपने व्यक्तिगत अहंकार की सीमाओं को पार कर ब्रह्मांड के साथ एकता का गहरा अनुभव करते हैं। यह एक शुद्ध चेतना की अवस्था है, जहाँ मन विलीन हो जाता है और आत्मा अनंत से मिल जाती है।

समाधि योग के पिछले अंगों का समापन है, जो नैतिक अनुशासन (यम और नियम), शारीरिक आसन (आसन), श्वास नियंत्रण (प्राणायाम), इंद्रियों का संकोच (प्रत्याहार), एकाग्रता (धारणा), और ध्यान (ध्यान) पर आधारित है। इन अंगों के निरंतर अभ्यास के माध्यम से, मन धीरे-धीरे अधिक परिष्कृत और शुद्ध हो जाता है, जो हमें वास्तविकता के सच्चे स्वरूप की झलक पाने में सक्षम बनाता है।

समाधि की अवस्था में, विषय और वस्तु की द्वैत समाप्त हो जाती है, और हम सृष्टि के सभी तत्वों के साथ एकता का गहरा अनुभव करते हैं। व्यक्तिगत आत्म की सीमाएँ समाप्त हो जाती हैं, और हम समझते हैं कि हम ब्रह्मांड से अलग नहीं

हैं, बल्कि उसका एक अभिन्न अंग हैं। इस बोध के साथ अक्सर आनंद, शांति और जुड़ाव की भावनाएँ आती हैं।

समाधि को प्रयास या इच्छाशक्ति के माध्यम से प्राप्त नहीं किया जा सकता। यह एक अनुग्रह की अवस्था है, एक उपहार जो हमें तब मिलता है जब हम इसके लिए तैयार होते हैं। हालांकि, हम समाधि के लिए अपने मन को शुद्ध और शांत बनाकर और दिव्य इच्छा के प्रति समर्पण करके तैयार कर सकते हैं।

समाधि के विभिन्न प्रकार होते हैं, जिनमें से प्रत्येक का अपना विशेष अनुभव और गहराई होती है। पतंजलि के योग सूत्र में समाधि के दो मुख्य प्रकार बताए गए हैं: संप्रज्ञात समाधि और असंप्रज्ञात समाधि।

संप्रज्ञात समाधि, जिसे "बीज समाधि" भी कहा जाता है, एक ऐसी अवशोषण अवस्था है जहाँ मन ध्यान की वस्तु का एक सूक्ष्म बोध बनाए रखता है। यह वस्तु एक भौतिक वस्तु, एक विचार, या यहाँ तक कि आत्मा भी हो सकती है। इस समाधि में मन अभी भी सक्रिय रहता है, लेकिन यह एक ही बिंदु पर केंद्रित रहता है। इस प्रकार की समाधि में अक्सर आनंद, शांति और अंतर्दृष्टि का अनुभव होता है।

असंप्रज्ञात समाधि, जिसे "अबीज समाधि" भी कहा जाता है, एक पूर्ण अवशोषण की अवस्था है जिसमें मन पूरी तरह से विलीन हो जाता है और सभी व्यक्तिगत पहचान समाप्त हो जाती है। इस अवस्था में, ध्यान की वस्तु का कोई बोध नहीं होता, और न ही आत्म का कोई एहसास होता है। यह शुद्ध चेतना की अवस्था है, जहाँ व्यक्ति अनंत से मिल जाता है।

समाधि का अनुभव अक्सर शब्दों और विचारों से परे होता है। यह शुद्ध अस्तित्व की अवस्था है, जहाँ मन मौन हो जाता है और हृदय खुला होता है। इस अवस्था में हम गहरी शांति, आनंद और संपूर्ण सृष्टि के साथ जुड़ाव का अनुभव करते हैं।

समाधि के लाभ असीमित हैं। कहा जाता है कि यह जन्म-मरण के चक्र से मुक्ति, दुखों का अंत, और ज्ञान की प्राप्ति की ओर ले जाता है। हालाँकि, समाधि की एक क्षणिक झलक भी हमारे जीवन पर गहरा प्रभाव डाल सकती है, हमारे दृष्टिकोण,

मूल्यों और प्राथमिकताओं को बदल सकती है।

समाधि का अभ्यास सभी के लिए नहीं है। इसके लिए योग के मार्ग के प्रति गहरी प्रतिबद्धता, हमारे अहंकारपूर्ण इच्छाओं का त्याग, और हमारे जीवन की प्रक्रिया पर विश्वास की आवश्यकता होती है। हालाँकि, जो लोग इस मार्ग को अपनाते हैं, उनके लिए समाधि सर्वोच्च पुरस्कार प्रदान करती है – दिव्यता के साथ एकता का अनुभव।

प्राचीन योगिक ग्रंथ भगवद गीता में कहा गया है, "जो व्यक्ति निष्क्रियता में क्रिया और क्रिया में निष्क्रियता देखता है, वही मनुष्यों में बुद्धिमान है, और वह सभी प्रकार की गतिविधियों में संलग्न होने पर भी आध्यात्मिक स्थिति में होता है।" समाधि वह अवस्था है जहाँ हम दुनिया में पूरी तरह से शामिल होते हैं, फिर भी इसके परिणामों से अलग रहते हैं।

समाधि का अभ्यास एक जीवन भर की यात्रा है, शुद्धि और परिष्करण की निरंतर प्रक्रिया है। जैसे-जैसे हम योग के मार्ग पर आगे बढ़ते हैं, हमें समाधि की झलक मिल सकती है, शुद्ध जागरूकता और आनंद के क्षण। ये झलकियाँ हमें हमारे अभ्यास को जारी रखने और खुद को और ब्रह्मांड को गहराई से समझने के लिए प्रेरित कर सकती हैं।

अंततः, समाधि का उद्देश्य दुनिया से भागना नहीं है, बल्कि हमारे साथ उसके संबंध को बदलना है। अहंकार की सीमाओं को पार करके, हम दुनिया को नई दृष्टि से देख सकते हैं, जिसमें आश्चर्य, विस्मय और करुणा होती है। हम एक बड़े उद्देश्य और अर्थपूर्ण जीवन जी सकते हैं, सभी प्राणियों के लिए प्रेम और प्रकाश का मार्गदर्शक बन सकते हैं।

जीवन की इस महान संगीत में, समाधि अंतिम चरमोत्कर्ष है, पिछले सभी सुरों का संगम है। यह वह क्षण है जब व्यक्तिगत स्वर एक सामंजस्यपूर्ण संपूर्ण में मिलते हैं, जो एक ध्वनि उत्पन्न करते हैं जो दिव्य और सर्वव्यापी दोनों है। समाधि के अभ्यास को अपनाकर, हम अपनी भीतर की अनंत संभावनाओं को जागृत करते हैं, और योग का सच्चा अर्थ - ज्ञान और मुक्ति का पथ - खोजते हैं।

"When you find peace within yourself, you become
the kind of person who can live at peace with
others."
– Peace Pilgrim

12

भक्ति योग: भक्ति और प्रेम का पथ

योगिक दर्शन और प्राचीन उपचार परंपराओं के जटिल ताने-बाने में, चक्रों की अवधारणा मानवीय शरीर के सूक्ष्म ऊर्जा तंत्र को समझने के लिए एक गहरी और उज्ज्वल ढांचा प्रस्तुत करती है। संस्कृत शब्द से निकला जिसका अर्थ है "पहिया" या "चक्र," चक्रों को अक्सर ऊर्जा के घूमते हुए भंवर के रूप में वर्णित किया जाता है जो शरीर के केंद्रीय धुरी के साथ रीढ़ की नींव से सिर के मुकुट तक स्थित होते हैं। माना जाता है कि ये ऊर्जा केंद्र हमारे शारीरिक, मानसिक, भावनात्मक और आध्यात्मिक कल्याण में महत्वपूर्ण भूमिका निभाते हैं।

हर चक्र विशिष्ट शारीरिक अंगों, ग्रंथियों और नसों के समूहों के साथ-साथ विशेष मानसिक और भावनात्मक अवस्थाओं से जुड़ा होता है। जब चक्र संतुलित और संरेखित होते हैं, तो शरीर में ऊर्जा स्वतंत्र रूप से प्रवाहित होती है, जो स्वास्थ्य और शक्ति को बढ़ावा देती है। हालाँकि, जब चक्र अवरुद्ध या असंतुलित हो जाते हैं, तो यह शारीरिक रोग, भावनात्मक संकट या आध्यात्मिक असंतुलन के रूप में प्रकट हो सकता है।

मुख्य रूप से सात चक्र होते हैं, जिनमें से प्रत्येक की अपनी अनूठी विशेषताएं और कार्य होते हैं। मूलाधार चक्र, जो रीढ़ के निचले भाग में स्थित है, हमारे सुरक्षा, स्थिरता और पृथ्वी से जुड़ाव की भावना से संबंधित है। यह हमारे आधारभूत जीवन की आवश्यकताओं को नियंत्रित करता है, जैसे भोजन, आश्रय और सुरक्षा।

जब मूलाधार चक्र संतुलित होता है, तो हम स्थिर, सुरक्षित और सुरक्षित महसूस करते हैं। हालाँकि, जब यह असंतुलित होता है, तो हमें भय, चिंता या असुरक्षा का अनुभव हो सकता है।

स्वाधिष्ठान चक्र, जो नाभि के नीचे स्थित है, हमारी रचनात्मकता, भावनात्मकता और कामुकता से संबंधित है। यह हमारे संबंधों, यौन जीवन और आनंद की क्षमता को नियंत्रित करता है। जब स्वाधिष्ठान चक्र संतुलित होता है, तो हम रचनात्मक, भावुक और खुश महसूस करते हैं। हालाँकि, जब यह असंतुलित होता है, तो हमें अपराधबोध, शर्म या भावनात्मक संकोच का अनुभव हो सकता है।

मणिपुर चक्र, जो पेट क्षेत्र में स्थित है, हमारी व्यक्तिगत शक्ति, आत्म-सम्मान और आत्म-विश्वास से संबंधित है। यह हमारे पहचान, उद्देश्य और इच्छाशक्ति को नियंत्रित करता है। जब मणिपुर चक्र संतुलित होता है, तो हम आत्म-विश्वास से भरे, सशक्त महसूस करते हैं। हालाँकि, जब यह असंतुलित होता है, तो हमें आत्म-मूल्यहीनता, असुरक्षा या दिशाहीनता का अनुभव हो सकता है।

अनाहत चक्र, जो छाती के केंद्र में स्थित है, हमारे प्रेम, करुणा और सहानुभूति से संबंधित है। यह हमारे दूसरों के साथ संबंधों, प्रेम देने और पाने की क्षमता और दुनिया से जुड़ाव की भावना को नियंत्रित करता है। जब अनाहत चक्र संतुलित होता है, तो हम प्रेमपूर्ण, करुणाशील और क्षमाशील महसूस करते हैं। हालाँकि, जब यह असंतुलित होता है, तो हमें अकेलापन, अलगाव या नाराज़गी का अनुभव हो सकता है।

विशुद्धि चक्र, जो गले में स्थित है, हमारे संचार, आत्म-अभिव्यक्ति और रचनात्मकता से संबंधित है। यह हमारी सच्चाई को व्यक्त करने, अपनी भावनाओं को संप्रेषित करने और हमारे आंतरिक ज्ञान से जुड़ने की क्षमता को नियंत्रित करता है। जब विशुद्धि चक्र संतुलित होता है, तो हम स्वाभाविक, अभिव्यक्तिपूर्ण और रचनात्मक महसूस करते हैं। हालाँकि, जब यह असंतुलित होता है, तो हमें संकोच, असुरक्षा या अपनी आवश्यकताओं को व्यक्त करने में कठिनाई हो सकती है।

आज्ञा चक्र, जो भौहों के बीच स्थित है, हमारी अंतर्ज्ञान, अंतर्दृष्टि और आध्यात्मिक चेतना से संबंधित है। यह भौतिक संसार से परे देखने और हमारे उच्च आत्म से जुड़ने की क्षमता को नियंत्रित करता है। जब आज्ञा चक्र संतुलित होता है, तो हम अंतर्ज्ञानी, विवेकशील और आध्यात्मिक पथ से जुड़े हुए महसूस करते हैं। हालाँकि, जब यह असंतुलित होता है, तो हमें भ्रम, संदेह या दिशाहीनता का अनुभव हो सकता है।

सहस्रार चक्र, जो सिर के शीर्ष पर स्थित है, हमारी दिव्यता से जुड़ाव, सृष्टि के साथ एकता की भावना और आध्यात्मिक उद्देश्य से संबंधित है। यह हमारे अहंकार से ऊपर उठने और ज्ञान की अवस्था को प्राप्त करने की क्षमता को नियंत्रित करता है। जब सहस्रार चक्र संतुलित होता है, तो हम दिव्य, शांत और प्रबुद्ध महसूस करते हैं। हालाँकि, जब यह असंतुलित होता है, तो हमें आध्यात्मिक असंयम, भ्रम या उद्देश्य की कमी का अनुभव हो सकता है।

चक्रों की अवधारणा सदियों से आयुर्वेद, पारंपरिक चीनी चिकित्सा और रेकी जैसी विभिन्न उपचार परंपराओं में उपयोग की जाती रही है। ये परंपराएं मानती हैं कि चक्रों को संतुलित और संरेखित करके हम शारीरिक, मानसिक, भावनात्मक और आध्यात्मिक कल्याण को बढ़ावा दे सकते हैं।

चक्रों के साथ काम करने के कई तरीके हैं, जैसे योग, ध्यान, अरोमाथेरेपी, ध्वनि उपचार और ऊर्जा उपचार। योग के आसन, चक्रों के माध्यम से ऊर्जा के प्रवाह को उत्तेजित और संतुलित करने के लिए डिज़ाइन किए गए हैं। उदाहरण के लिए, आगे झुकने से मूलाधार चक्र को संतुलित करने में मदद मिलती है, जबकि पीछे झुकने से हृदय चक्र को खोलने और ऊर्जा देने में मदद मिलती है।

ध्यान भी चक्रों के साथ काम करने का एक शक्तिशाली उपकरण है। हर चक्र पर ध्यान केंद्रित करके, हम इसे घूमते और ऊर्जा से चमकते हुए देख सकते हैं। हम चक्रों को सक्रिय करने और संतुलित करने के लिए पुष्टि और मंत्रों का भी उपयोग कर सकते हैं।

अरोमाथेरेपी का उपयोग भी चक्रों का समर्थन करने के लिए किया जा सकता है। प्रत्येक चक्र विशिष्ट आवश्यक तेलों से जुड़ा होता है जो उसकी ऊर्जा को संतुलित

और संरेखित करने में मदद कर सकते हैं। उदाहरण के लिए, लैवेंडर का तेल अक्सर तंत्रिका तंत्र को शांत और शांत करने के लिए उपयोग किया जाता है, जबकि पुदीने का तेल शरीर को उत्तेजित और ऊर्जा देने में सहायक होता है।

ध्वनि उपचार चक्रों के साथ काम करने का एक अन्य प्रभावी तरीका है। प्रत्येक चक्र एक विशिष्ट आवृत्ति या स्वर से जुड़ा होता है, और इन ध्वनियों को सुनने या गाने से हम चक्रों को संतुलित और संरेखित कर सकते हैं।

रेकी जैसे ऊर्जा उपचार में, प्रैक्टिशनर ग्राहक के शरीर में सार्वभौमिक जीवन शक्ति ऊर्जा को प्रवाहित करते हैं, ताकि उपचार और संतुलन को बढ़ावा दिया जा सके। इस ऊर्जा को विशेष चक्रों में प्रवाहित किया जा सकता है जो अवरुद्ध या असंतुलित होते हैं।

इन प्रथाओं को अपने दैनिक जीवन में शामिल करके, हम स्वयं और अपनी ऊर्जा शरीर के प्रति गहरी समझ विकसित कर सकते हैं। हम पहचान सकते हैं कि कौन से चक्र असंतुलित हैं और उन्हें संतुलित करने के लिए कदम उठा सकते हैं।

चक्रों की खोज की यात्रा आत्म-खोज और परिवर्तन की एक आजीवन प्रक्रिया है। जैसे-जैसे हम इन ऊर्जा केंद्रों के साथ काम करना सीखते हैं, हम अपनी पूरी क्षमता को खोल सकते हैं और अधिक स्वास्थ्य, खुशी और आध्यात्मिक पूर्ति का जीवन जी सकते हैं।

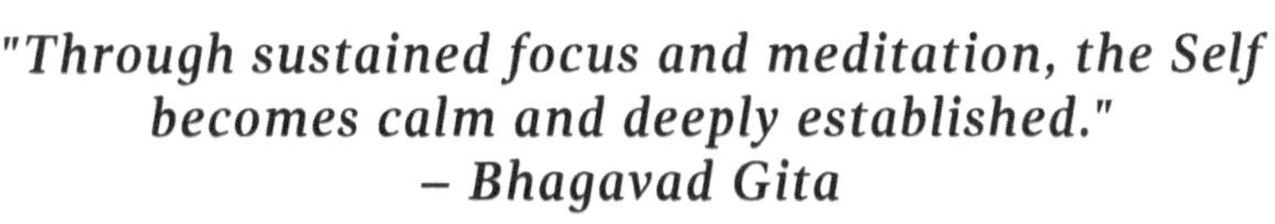

*"Through sustained focus and meditation, the Self
becomes calm and deeply established."
– Bhagavad Gita*

13

कुंडलिनी जागरण: सुप्त आध्यात्मिक ऊर्जा को जागृत करना

योगिक परंपरा की रहस्यमयी गहराइयों में, कुंडलिनी जागरण एक परिवर्तनीय घटना के रूप में उभरता है, यह रीढ़ की हड्डी के आधार पर कुंडली मारे सुप्त आध्यात्मिक ऊर्जा का गहन जागरण है। अक्सर इसे एक सर्प देवी के रूप में दर्शाया जाता है, कुंडलिनी हमारे भीतर विद्यमान प्राथमिक जीवन ऊर्जा का प्रतीक है। जब जागृत होती है, तो यह शक्तिशाली ऊर्जा शरीर के केंद्रीय ऊर्जा मार्ग, जिसे सुषुम्ना नाड़ी कहा जाता है, से होकर ऊपर उठती है, चक्रों को भेदती है और अंततः आध्यात्मिक ज्ञान और मुक्ति की स्थिति तक ले जाती है।

कुंडलिनी जागरण का सिद्धांत प्राचीन भारतीय शास्त्रों जैसे वेदों और उपनिषदों में निहित है। यह विभिन्न आध्यात्मिक परंपराओं में एक केंद्रीय विषय है, जिसमें हिंदू धर्म, बौद्ध धर्म और सिख धर्म शामिल हैं। "कुंडलिनी" शब्द भले ही रहस्यमय और गूढ़ लगे, लेकिन यह मूलतः हमारे भीतर निहित अनछुए संभावनाओं का प्रतीक है। यह सुप्त ऊर्जा है, जो जागृत होने पर हमारे शारीरिक, मानसिक, भावनात्मक और आध्यात्मिक कल्याण में गहन परिवर्तन ला सकती है।

कुंडलिनी का जागरण एक अचानक घटना नहीं है, बल्कि यह समय के साथ धीरे-

धीरे विकसित होने वाली प्रक्रिया है। यह अक्सर योग, ध्यान, प्राणायाम (सांस नियंत्रण) और मंत्र जप जैसे आध्यात्मिक अभ्यासों के माध्यम से प्रेरित होती है। हालांकि, यह जीवन की घटनाओं, जैसे कि आघात, बीमारी, या मृत्यु के निकट के अनुभवों के माध्यम से भी स्वतःस्फूर्त रूप से उत्पन्न हो सकती है।

जब कुंडलिनी जागती है, तो यह सुषुम्ना नाड़ी के माध्यम से ऊपर उठती है, जो शरीर के चक्रों या ऊर्जा केंद्रों को भेदती है। जैसे-जैसे यह ऊपर उठती है, यह अवरोधों और अशुद्धियों को दूर करती है, जिससे ऊर्जा शरीर के विभिन्न हिस्सों में स्वतंत्र रूप से प्रवाहित हो पाती है। इस प्रक्रिया के साथ विभिन्न शारीरिक, मानसिक, भावनात्मक और आध्यात्मिक अनुभव हो सकते हैं।

शारीरिक अनुभवों में झुनझुनी, कंपन, गर्मी या ठंड शामिल हो सकते हैं। कुछ लोगों को स्वतःस्फूर्त गतियों या मुद्राओं का अनुभव हो सकता है, जिन्हें क्रियाएँ कहते हैं। मानसिक अनुभवों में जागरूकता, स्पष्टता और ध्यान की तीव्रता शामिल हो सकती है। कुछ लोग दृष्टियां, अंतर्दृष्टियां या यहां तक कि मानसिक क्षमताएं भी अनुभव कर सकते हैं। भावनात्मक अनुभवों में आनंद, उल्लास या परमानंद जैसे तीव्र भावनाएं शामिल हो सकती हैं। कुछ लोग संचित भावनाओं, जैसे कि क्रोध, दुख या भय का मुक्तिदायी अनुभव भी कर सकते हैं।

आध्यात्मिक अनुभवों में ब्रह्मांड के साथ एकता की अनुभूति, सभी प्राणियों के साथ जुड़ाव का अनुभव, और वास्तविकता की प्रकृति की गहरी समझ शामिल हो सकती है। कुछ लोगों को आत्मा से परे जाने का अनुभव हो सकता है, जहां वे स्वयं को अहंकार के बंधनों से मुक्त पाते हैं और दिव्यता से जुड़ाव का अनुभव करते हैं।

कुंडलिनी जागरण प्रक्रिया उत्साहवर्धक और चुनौतीपूर्ण दोनों हो सकती है। यह गहन आध्यात्मिक विकास और परिवर्तन की ओर ले जा सकती है, लेकिन इसके साथ तीव्र शारीरिक और भावनात्मक उतार-चढ़ाव भी हो सकते हैं। कुंडलिनी जागरण प्रक्रिया को सावधानी और सम्मान के साथ अपनाना महत्वपूर्ण है, और किसी योग्य शिक्षक या मार्गदर्शक से मार्गदर्शन लेना चाहिए।

कुंडलिनी जागरण प्रक्रिया की तैयारी और समर्थन के कई तरीके हैं। उनमें से एक सबसे महत्वपूर्ण है योग और ध्यान में मजबूत आधार तैयार करना। ये अभ्यास

शरीर और मन को शुद्ध करने, तंत्रिका तंत्र को मजबूत करने, और कुंडलिनी ऊर्जा के उठने के लिए एक सुरक्षित और सहायक वातावरण बनाने में मदद कर सकते हैं।

प्राणायाम, या सांस नियंत्रण, कुंडलिनी जागरण की तैयारी के लिए एक और महत्वपूर्ण अभ्यास है। सांस को सचेत रूप से नियंत्रित करके, हम शरीर में प्राण, या जीवन ऊर्जा के प्रवाह को प्रभावित कर सकते हैं। इससे अवरोध दूर करने और कुंडलिनी ऊर्जा के लिए एक अधिक खुला और ग्रहणशील चैनल बनाने में मदद मिल सकती है।

मंत्र जप भी कुंडलिनी जागरण के लिए एक शक्तिशाली साधन है। मंत्र पवित्र ध्वनियाँ या शब्द होते हैं जिन्हें मन को केंद्रित करने और दिव्यता से जुड़ने के लिए दोहराया जाता है। कुछ विशेष मंत्र, जैसे कुंडलिनी मंत्र, कुंडलिनी ऊर्जा को जागृत करने के लिए विशेष रूप से डिज़ाइन किए गए होते हैं।

इन अभ्यासों के अलावा, स्वस्थ जीवनशैली बनाए रखना भी महत्वपूर्ण है, जिसमें संतुलित आहार, नियमित व्यायाम और पर्याप्त नींद शामिल है। ये अभ्यास शरीर की प्राकृतिक उपचार प्रक्रियाओं को समर्थन देने और कुंडलिनी जागरण प्रक्रिया के लिए एक अधिक स्थिर आधार बनाने में मदद कर सकते हैं।

कुंडलिनी जागरण प्रक्रिया एक अनूठी और व्यक्तिगत यात्रा है। इसके लिए कोई एकसमान दृष्टिकोण नहीं है, और प्रत्येक व्यक्ति के अनुभव उनकी अनूठी प्रकृति और कर्म के अनुसार भिन्न होंगे। हालांकि, कुछ सामान्य थीम और चरण हैं जिनका अनुभव कई लोग करते हैं।

कुंडलिनी जागरण का पहला चरण अक्सर तीव्र शुद्धिकरण की अवधि से चिह्नित होता है। यह वह समय होता है जब कुंडलिनी ऊर्जा शरीर और मन में अवरोधों और अशुद्धियों को साफ करना शुरू करती है। इस प्रक्रिया के साथ सिरदर्द, मतली और थकान जैसे शारीरिक लक्षण भी हो सकते हैं। पुराने आघात और दबी हुई भावनाओं के उभरने के कारण भावनात्मक उथल-पुथल भी हो सकती है।

कुंडलिनी जागरण का दूसरा चरण अक्सर विस्तार और एकीकरण की अवधि के

रूप में पहचाना जाता है। यह वह समय होता है जब कुंडलिनी ऊर्जा शरीर में अधिक स्वतंत्र रूप से प्रवाहित होती है, और नई जागरूकता और अनुभवों के चैनल खुलते हैं। इस प्रक्रिया के साथ आनंद, उल्लास और परमानंद की भावनाएँ भी हो सकती हैं। यह ब्रह्मांड के साथ एकता की अनुभूति और वास्तविकता की प्रकृति की गहरी समझ का अनुभव भी करा सकती है।

कुंडलिनी जागरण का तीसरा चरण अक्सर स्थिरीकरण और अभिव्यक्ति की अवधि के रूप में होता है। यह वह समय होता है जब कुंडलिनी ऊर्जा पूरी तरह से शरीर और मन में एकीकृत हो जाती है, जिसके परिणामस्वरूप हमारे शारीरिक, मानसिक, भावनात्मक और आध्यात्मिक कल्याण में गहन परिवर्तन होता है। इस प्रक्रिया के साथ आंतरिक शांति, संतोष और पूर्ति की भावना हो सकती है। दूसरों के प्रति प्रेम, करुणा और सेवा की क्षमता भी बढ़ सकती है।

"तंत्र योग जीवन के संपूर्ण स्पेक्ट्रम को अपनाने का मार्ग है। यह हमें हमारे अस्तित्व के सबसे साधारण पहलुओं में भी दिव्यता को देखने के लिए सिखाता है। हमारे शारीरिक, भावनात्मक, और आध्यात्मिक आयामों को एकीकृत करके, हम संपूर्णता और मुक्ति की स्थिति प्राप्त कर सकते हैं।"

14

मंत्र: आंतरिक परिवर्तन के लिए पवित्र ध्वनियाँ

आध्यात्मिक प्रथाओं के ताने-बाने में, मंत्र एक जीवंत धागे के रूप में उभरता है, जो ध्वनि, कंपन और इरादे को एक साथ जोड़ता है ताकि आंतरिक परिवर्तन के लिए एक मार्ग बनाया जा सके। प्राचीन परंपराओं में निहित और दुनिया भर की विभिन्न संस्कृतियों द्वारा अपनाया गया, मंत्र, जिसे अक्सर "पवित्र उच्चारण" या "विचार का साधन" कहा जाता है, पवित्र ध्वनियों, शब्दों या वाक्यों की पुनरावृत्ति को संदर्भित करता है। माना जाता है कि ये ध्वनियाँ, जो आध्यात्मिक महत्व और शक्ति से भरी होती हैं, शरीर और मन की सूक्ष्म ऊर्जाओं के साथ सामंजस्य बिठाती हैं, जिससे चेतना और कल्याण में गहन बदलाव आता है।

मंत्र का सिद्धांत भारत की प्राचीन वैदिक परंपरा में उत्पन्न हुआ, जहाँ इसे आध्यात्मिक अभ्यास और आत्म-साक्षात्कार के साधन के रूप में प्रयोग किया गया। वेदों में, जो पवित्र भजनों और ग्रंथों का संग्रह हैं, कई मंत्र शामिल हैं जो आज भी गाए और उच्चारित किए जाते हैं। माना जाता है कि ये मंत्र देवताओं की कृपा प्राप्त करने, मन को शुद्ध करने और सुप्त आध्यात्मिक ऊर्जाओं को जागृत करने के लिए हैं।

मंत्र की शक्ति इस बात में है कि यह ब्रह्मांड के सूक्ष्म कंपन के साथ सामंजस्य स्थापित कर सकता है। योगिक दर्शन के अनुसार, ब्रह्मांड ध्वनि के कंपन से बना है, और प्रत्येक वस्तु, प्राणी और विचार की अपनी अनूठी कंपन आवृत्ति होती है।

माना जाता है कि मंत्र हमारे अपने कंपन को ब्रह्मांड के कंपन के साथ मिलाने के लिए शक्तिशाली उपकरण हैं, जिससे सामंजस्य, संतुलन और कल्याण का प्रचार होता है।

मंत्र का दोहराव एक लयबद्ध पैटर्न बनाता है जो मस्तिष्क की तरंगों को संतुलित कर सकता है, जिससे गहन विश्राम और ध्यानावस्था की स्थिति उत्पन्न होती है। यह मानसिक अवस्था उपचार, रचनात्मकता और आध्यात्मिक विकास के लिए अनुकूल है। मंत्र की ध्वनि तरंगें शरीर के ऊर्जा केंद्रों, जिन्हें चक्र कहा जाता है, के साथ भी प्रतिध्वनित होती हैं, जिससे उनके प्रवाह को उत्तेजित और संतुलित किया जा सकता है।

मंत्र सरल या जटिल, छोटे या लंबे हो सकते हैं, और इन्हें जोर से, धीरे या मन में दोहराया जा सकता है। कुछ मंत्र विशेष देवताओं या आध्यात्मिक प्रतीकों को समर्पित होते हैं, जबकि अन्य शांति, प्रेम और करुणा के सार्वभौमिक आह्वान होते हैं।

सबसे प्रसिद्ध मंत्रों में से एक पवित्र अक्षर ओम है, जिसे "आउम" के रूप में भी जाना जाता है। यह मंत्र ब्रह्मांड की आद्य ध्वनि मानी जाती है, सृजन की ध्वनि। ओम का जप हमारे अस्तित्व के सबसे गहरे स्तरों के साथ प्रतिध्वनित होता है, जिससे हम समस्त अस्तित्व के स्रोत से जुड़ सकते हैं।

एक और शक्तिशाली मंत्र गायत्री मंत्र है, जो सूर्य देवता सावितृ को समर्पित एक वैदिक भजन है। यह मंत्र हिंदू परंपरा में सबसे पवित्र और शक्तिशाली मंत्रों में से एक माना जाता है। कहा जाता है कि यह सूर्य की कृपा का आह्वान करता है, मन को शुद्ध करता है और आध्यात्मिक ज्ञान को जागृत करता है।

महामृत्युंजय मंत्र, जिसे त्र्यम्बकम मंत्र के रूप में भी जाना जाता है, एक शक्तिशाली मंत्र है जो उपचार और सुरक्षा के लिए होता है। यह हिंदू धर्म के विनाश और परिवर्तन के देवता भगवान शिव को समर्पित है। यह मंत्र बाधाओं को दूर करने, भय और चिंता को कम करने, और दीर्घायु और कल्याण को बढ़ावा देने के लिए माना जाता है।

अन्य लोकप्रिय मंत्रों में "सो हम" मंत्र शामिल है, जिसका संस्कृत में अर्थ है "मैं वही हूँ," और "ओम मणि पद्मे हम" मंत्र, जो बौद्ध धर्म में करुणा और ज्ञान से जुड़ा है।

मंत्र के दोहराव का अभ्यास, जिसे जप कहा जाता है, एक सरल लेकिन गहन आध्यात्मिक अभ्यास है। इसे किसी भी समय और किसी भी स्थान पर किया जा सकता है, और इसके लिए किसी विशेष उपकरण या प्रशिक्षण की आवश्यकता नहीं होती है। बस एक शांत स्थान, एक आरामदायक मुद्रा, और ध्वनि की शक्ति के प्रति दिल और मन को खोलने की इच्छा चाहिए।

जप का अभ्यास करने के लिए, बस एक मंत्र चुनें जो आपको प्रभावित करता हो और इसे धीरे से या जोर से दोहराएं। आप मंत्र को एक निश्चित संख्या में दोहरा सकते हैं, या आप इसे जितनी देर चाहें दोहराते रह सकते हैं। जैसे ही आप मंत्र दोहराते हैं, अपनी पूरी एकाग्रता ध्वनि और शब्दों की तरंगों पर रखें, और उस क्षण में पूरी तरह से उपस्थित रहें।

जैसे-जैसे आप जप के अपने अभ्यास को गहरा करते हैं, आप पाएंगे कि मंत्र अपने आप आपके मन में दोहराने लगता है, यहाँ तक कि जब आप इसे सचेत रूप से नहीं कर रहे होते हैं। इसे अजपा जप, या सहज दोहराव कहा जाता है। जब ऐसा होता है, तो यह संकेत है कि मंत्र आपके अवचेतन मन में गहराई से बस गया है और इसका रूपांतरणकारी प्रभाव काम कर रहा है।

मंत्र के दोहराव के लाभ असंख्य और गहरे हैं। यह तनाव, चिंता और अवसाद को कम कर सकता है, एकाग्रता और ध्यान में सुधार कर सकता है, रचनात्मकता और अंतर्ज्ञान को बढ़ा सकता है, और आंतरिक शांति और कल्याण की भावना को बढ़ावा दे सकता है। यह सुप्त आध्यात्मिक ऊर्जाओं को जागृत करने, हमें हमारे उच्च आत्म से जोड़ने, और हमें आत्मज्ञान के मार्ग पर ले जाने में भी मदद कर सकता है।

मनोवैज्ञानिक और आध्यात्मिक लाभों के अलावा, मंत्र का दोहराव हमारे शारीरिक स्वास्थ्य पर भी सकारात्मक प्रभाव डाल सकता है। अनुसंधान से पता चला है कि मंत्र का जप रक्तचाप को कम कर सकता है, हृदय की गति को घटा सकता है, और

प्रतिरक्षा प्रणाली को बढ़ावा दे सकता है। यह नींद की गुणवत्ता में सुधार करने, दर्द को कम करने, और विश्राम को बढ़ावा देने में भी मदद कर सकता है।

मंत्र का दोहराव एक बहुमुखी और सुलभ आध्यात्मिक अभ्यास है जिसे व्यक्तिगत आवश्यकताओं और प्राथमिकताओं के अनुसार अनुकूलित किया जा सकता है। इसे अकेले या समूह में, मौन में या संगीत के साथ, और अल्पकालिक या दीर्घकालिक अवधियों के लिए किया जा सकता है। सबसे महत्वपूर्ण बात यह है कि एक ऐसा अभ्यास ढूंढें जो आपके साथ सामंजस्य बिठाता हो और उसे नियमित रूप से अपनाएँ।

प्राचीन योगिक ग्रंथ, पतंजलि के योग सूत्रों के शब्दों में, "मंत्र का दोहराव मन की अशुद्धियों को नष्ट कर देता है।" मंत्रों को दोहराकर, हम अपने विचारों, भावनाओं और इरादों को शुद्ध कर सकते हैं, जिससे एक अधिक सकारात्मक और सामंजस्यपूर्ण अस्तित्व की स्थिति बनती है।

मंत्र एक शक्तिशाली साधन है आंतरिक परिवर्तन के लिए, सांसारिक और दिव्य के बीच का एक पुल है। ध्वनि और कंपन की शक्ति को अपनाकर, हम अपनी सच्ची क्षमता को जागृत कर सकते हैं और अधिक आनंद, शांति और पूर्णता के जीवन को जी सकते हैं।

"दैनिक जीवन में योग को शामिल करना अधिक करने के बारे में नहीं है; यह अधिक होने के बारे में है। योग के सिद्धांतों और प्रथाओं को अपनी रोजमर्रा की दिनचर्या में शामिल करके, हम सजगता, जागरूकता, और करुणा विकसित कर सकते हैं, और एक अधिक पूर्ण और खुशहाल जीवन जी सकते हैं।"

15

भक्ति योग: भक्ति का मार्ग

योग की विविध और विशाल परंपराओं में, भक्ति योग एक चमकदार मार्ग के रूप में उभरता है, जो हृदय की दिव्य संबंध और बिना शर्त प्रेम की आकांक्षा को प्रकाशित करता है। कर्म योग (निःस्वार्थ कर्म का मार्ग), ज्ञान योग (ज्ञान का मार्ग), और राज योग (ध्यान का मार्ग) के साथ-साथ भक्ति योग योग के चार मुख्य मार्गों में से एक है। यह भक्ति, प्रेम, और उच्च शक्ति के प्रति समर्पण का मार्ग है। यह बौद्धिक समझ से परे जाकर हमारे अस्तित्व के भावनात्मक और अंतर्ज्ञानात्मक पहलुओं को अपनाता है।

भक्ति योग का मूल उद्देश्य दिव्य के साथ एक प्रेमपूर्ण संबंध को विकसित करना है, चाहे वह कोई व्यक्तिगत भगवान हो, एक सार्वभौमिक सिद्धांत हो, या हमारे भीतर और सम्पूर्ण सृष्टि में निहित दिव्यता हो। यह ऐसा मार्ग है जो हृदय को मस्तिष्क से अधिक, भावनाओं को बौद्धिकता से अधिक और अंतर्ज्ञान को तर्क से अधिक महत्व देता है। यह हमें हमारे अस्तित्व के केंद्र में स्थित असीम प्रेम और करुणा के प्रति हृदय खोलने के लिए आमंत्रित करता है।

भक्ति योग का अभ्यास भारत की प्राचीन वैदिक परंपरा में गहराई से निहित है, जहाँ इसे आध्यात्मिक मुक्ति का सबसे सरल और सुलभ मार्ग माना जाता है। भगवद गीता, एक पवित्र हिंदू ग्रंथ, भक्ति योग के बारे में व्यापक रूप से बात करता है और भक्ति, समर्पण, और निःस्वार्थ प्रेम के महत्व पर जोर देता है।

भगवद गीता में, भगवान कृष्ण, जो दिव्यता के परम प्रतीक हैं, अर्जुन, योद्धा राजकुमार को भक्ति योग का मार्ग सिखाते हैं। वह बताते हैं कि दिव्य के प्रति भक्ति और समर्पण के माध्यम से कोई जन्म और मृत्यु के चक्र से मुक्ति पा सकता है और दिव्य के साथ एकता का परम आनंद प्राप्त कर सकता है।

भक्ति योग केवल एक धार्मिक अभ्यास नहीं है; यह एक जीवन जीने का तरीका है। यह हमारे जीवन के सभी पहलुओं को प्रेम, करुणा और भक्ति के साथ देखने का तरीका है। यह हर चीज़ और हर व्यक्ति में दिव्य को देखने का, और हमारी अपनी अंतर्निहित दिव्यता को पहचानने का तरीका है।

भक्ति योग के कई अलग-अलग रूप हैं, जिनमें प्रत्येक के अपने अनूठे अभ्यास और अनुष्ठान होते हैं। कुछ सामान्य अभ्यासों में मंत्रों का जप, भजन गाना, अनुष्ठानों और समारोहों का प्रदर्शन, प्रार्थनाएँ और अर्पण करना, और दूसरों की निःस्वार्थ सेवा में संलग्न होना शामिल है।

मंत्रों का जप दिव्य से जुड़ने का एक शक्तिशाली तरीका है। मंत्र पवित्र ध्वनियाँ या शब्द होते हैं जिन्हें मन को केंद्रित करने और दिव्य की कृपा का आह्वान करने के लिए दोहराया जाता है। मंत्रों की पुनरावृत्ति एक लयबद्ध पैटर्न बनाती है जो मस्तिष्क की तरंगों को संतुलित कर सकती है, जिससे गहन विश्राम और ध्यान की स्थिति उत्पन्न होती है।

भजन गाना दिव्य के प्रति हमारे प्रेम और भक्ति को व्यक्त करने का एक और तरीका है। भजन अक्सर संगीत वाद्ययंत्रों जैसे हारमोनियम, तबला, और ढोलक के साथ गाए जाते हैं। भजनों का गायन एक आनंदपूर्ण और उत्साहवर्धक वातावरण बनाता है और यह हमें दिव्य के प्रति हृदय खोलने में मदद कर सकता है।

अनुष्ठानों और समारोहों का प्रदर्शन भक्ति योग का एक अन्य महत्वपूर्ण पहलू है। ये अनुष्ठान साधारण या विस्तृत हो सकते हैं, यह परंपरा और व्यक्तिगत साधक पर निर्भर करता है। इनमें अक्सर पवित्र वस्तुओं का प्रयोग होता है, जैसे अगरबत्ती, फूल, और दीपक, और इनके साथ जप, गायन, और नृत्य भी हो सकते हैं।

प्रार्थनाएँ और अर्पण करना दिव्य के प्रति हमारी भक्ति व्यक्त करने का एक और तरीका है। प्रार्थनाएँ जोर से, धीरे से, या मन में चुपचाप दोहराई जा सकती हैं। अर्पण कुछ भी हो सकता है जो प्रेम और भक्ति के साथ दिया गया हो, जैसे फूल, फल, या अगरबत्ती।

दूसरों की निःस्वार्थ सेवा, या सेवा, भक्ति योग का एक अन्य महत्वपूर्ण पहलू है। सेवा के कई रूप हो सकते हैं, जैसे किसी रसोईघर में सेवा करना, वृद्धजनों से मिलना, या किसी जरूरतमंद की मदद करना। दूसरों की सेवा करके, हम सभी प्राणियों के प्रति अपने प्रेम और करुणा को व्यक्त करते हैं, और उनमें विद्यमान दिव्य को पहचानते हैं।

भक्ति योग का अभ्यास नियमों या अनुष्ठानों का अंधानुकरण नहीं है। यह दिव्य के साथ एक सच्चा और हृदयस्पर्शी संबंध विकसित करने के बारे में है। यह हमारे अस्तित्व के केंद्र में स्थित असीम प्रेम और करुणा के प्रति अपने हृदय को खोलने के बारे में है।

भक्ति योग के लाभ असंख्य और गहरे हैं। यह तनाव, चिंता और अवसाद को कम कर सकता है, खुशी, संतोष और प्रसन्नता को बढ़ा सकता है, संबंधों और सामाजिक संबंधों में सुधार कर सकता है, और जीवन में अर्थ और उद्देश्य की भावना को बढ़ावा दे सकता है। यह आध्यात्मिक जागरण, आत्म-साक्षात्कार, और अंततः जन्म और मृत्यु के चक्र से मुक्ति की ओर ले जा सकता है।

भक्ति योग केवल धार्मिक या आध्यात्मिक झुकाव वाले लोगों के लिए नहीं है। यह उन सभी के लिए है जो अपने आप में, दूसरों में, और दिव्य में अपने संबंध को गहरा करना चाहते हैं। यह सभी आयु, पृष्ठभूमि, और विश्वास के लोगों द्वारा अपनाया जा सकता है।

प्रसिद्ध भारतीय संत श्री रामकृष्ण परमहंस के शब्दों में, "भक्ति का मार्ग सबसे आसान और मधुर है। यह प्रेम का मार्ग है। भगवान से प्रेम करो, और तुम उन्हें प्राप्त करोगे।" भक्ति योग का अभ्यास हृदय की यात्रा है, एक यात्रा जो हमें हमारे अस्तित्व के परम सत्य की ओर ले जाती है।

᭢᭨

"आध्यात्मिक मार्ग हमेशा आसान नहीं होता, लेकिन यह हमेशा सार्थक होता है। अपने भय का सामना करके, बाधाओं को पार करके, और चुनौतियों को अपनाकर, हम अधिक मजबूत, बुद्धिमान, और करुणाशील बन सकते हैं।"

16

कर्म योग: एक आध्यात्मिक अभ्यास के रूप में निःस्वार्थ सेवा

योग की विशाल परंपराओं में, कर्म योग एक उज्ज्वल मार्ग के रूप में चमकता है, जो निःस्वार्थ सेवा की रूपांतरणकारी शक्ति को एक आध्यात्मिक अभ्यास के रूप में उजागर करता है। प्राचीन भारतीय दर्शन में निहित और दुनिया भर की विभिन्न संस्कृतियों द्वारा अपनाया गया, कर्म योग, जिसे "कर्म का मार्ग" कहा जाता है, इस बात पर जोर देता है कि अपने कार्यों और जिम्मेदारियों को उनके परिणामों से जुड़े बिना करना चाहिए। यह व्यक्तिगत लाभ के स्वार्थी उद्देश्य को पार कर, सभी प्राणियों के सामूहिक कल्याण पर केंद्रित होता है।

कर्म योग का सिद्धांत भगवद गीता में पाया जाता है, जो एक पवित्र हिंदू ग्रंथ है और नैतिक और आध्यात्मिक जीवन के लिए एक मार्गदर्शक पुस्तक के रूप में कार्य करता है। गीता में, भगवान कृष्ण, जो दिव्य के सर्वोच्च प्रतीक हैं, अर्जुन, योद्धा राजकुमार को उनके कार्यों के परिणामों से मुक्त होकर अपने कर्तव्यों का पालन करने का महत्व सिखाते हैं। कृष्ण बताते हैं कि निःस्वार्थ सेवा की भावना से कार्य करके, हम अपने हृदय और मन को शुद्ध कर सकते हैं, अहंकार की सीमाओं को पार कर सकते हैं, और अंततः जन्म और मृत्यु के चक्र से मुक्ति प्राप्त कर सकते हैं।

कर्म योग केवल एक दार्शनिक सिद्धांत नहीं है; यह एक व्यावहारिक जीवन शैली है जिसे हम अपने दैनिक जीवन के सभी पहलुओं में अपना सकते हैं। यह हमारे काम, हमारे संबंधों, और हमारे आस-पास की दुनिया के प्रति हमारे दृष्टिकोण को बदलने का तरीका है। निःस्वार्थ सेवा की भावना से कार्य करके, हम अपने जीवन को बदल सकते हैं और समाज के सामूहिक भलाई में योगदान कर सकते हैं।

कर्म योग का मूल उद्देश्य सभी प्राणियों की परस्पर जुड़ाव को पहचानना और प्रत्येक में निहित दिव्यता को देखना है। यह दुनिया को हमारे अपने आंतरिक अस्तित्व के प्रतिबिंब के रूप में देखने और इस तरह से कार्य करने के बारे में है जो सभी के लिए सामंजस्य, शांति और कल्याण को बढ़ावा देता है।

कर्म योग का अभ्यास हमारे कर्तव्यों और जिम्मेदारियों को बिना किसी लगाव और समानता की भावना के साथ करना है। इसका अर्थ यह नहीं है कि हम अपने कार्यों के परिणामों के प्रति उदासीन या अनभिज्ञ हो जाएं। बल्कि, इसका मतलब है कि हम एक स्पष्ट मन और शुद्ध हृदय के साथ कार्य करें, दूसरों की सेवा की भावना से प्रेरित होकर, न कि व्यक्तिगत लाभ या मान्यता की इच्छा से।

कर्म योग का मुख्य आधार निःस्वार्थ सेवा, या सेवा की भावना को विकसित करना है। सेवा का अर्थ है बिना किसी प्रतिफल की अपेक्षा किए देना। यह दूसरों के प्रति हमारे प्रेम और करुणा को व्यक्त करने का तरीका है और यह प्रत्येक में विद्यमान दिव्यता को पहचानने का साधन है।

सेवा के कई रूप हो सकते हैं, जैसे कि स्थानीय रसोईघर में स्वयंसेवा करना या किसी जरूरतमंद पड़ोसी की मदद करना। यह हमारे दैनिक कार्यों, जैसे खाना बनाना, सफाई करना, या दूसरों की देखभाल करना, को प्रेम और भक्ति के साथ करना भी हो सकता है।

कर्म योग के लाभ असंख्य और गहरे हैं। शारीरिक रूप से, यह तनाव को कम कर सकता है, स्वास्थ्य में सुधार कर सकता है, और ऊर्जा और जीवंतता को बढ़ा सकता है। मानसिक रूप से, यह स्पष्टता, ध्यान, और उद्देश्य की भावना को विकसित कर सकता है। भावनात्मक रूप से, यह करुणा, सहानुभूति, और दूसरों से जुड़ाव की भावना को बढ़ावा दे सकता है। आध्यात्मिक रूप से, यह आत्म-

साक्षात्कार, मुक्ति, और अंततः दिव्य के साथ एकता की ओर ले जा सकता है।

कर्म योग केवल धार्मिक या आध्यात्मिक झुकाव वाले लोगों के लिए नहीं है। यह उन सभी के लिए है जो एक अधिक सार्थक और पूर्ण जीवन जीना चाहते हैं। कर्म योग के सिद्धांतों को अपनाकर, हम अपने जीवन को बदल सकते हैं और अपने आस-पास की दुनिया में सकारात्मक प्रभाव डाल सकते हैं।

कर्म योग का सबसे महत्वपूर्ण पहलू अनासक्ति का सिद्धांत है। इसका अर्थ है हमारे कार्यों के परिणामों के प्रति अपनी आसक्ति को छोड़ देना और परिणामों को दिव्यता के प्रति समर्पित कर देना। जब हम अपने कार्यों के परिणामों के प्रति आसक्त होते हैं, तो हम उम्मीदें और इच्छाएँ पैदा करते हैं, जो निराशा, हताशा और दुःख का कारण बन सकती हैं।

अनासक्ति का अभ्यास करके, हम अपने कार्यों के परिणामों को समानता के साथ स्वीकार करना सीखते हैं, चाहे वे सकारात्मक हों या नकारात्मक। हम समझते हैं कि हम जीवन में होने वाली हर चीज को नियंत्रित नहीं कर सकते, और कि हमारी सच्ची खुशी हमारे भीतर से आती है, बाहरी परिस्थितियों से नहीं।

कर्म योग का एक अन्य महत्वपूर्ण पहलू निःस्वार्थ सेवा या सेवा का सिद्धांत है। सेवा का अर्थ है बिना किसी प्रतिफल की अपेक्षा किए देना। यह दूसरों के प्रति हमारे प्रेम और करुणा को व्यक्त करने का तरीका है और यह प्रत्येक में विद्यमान दिव्यता को पहचानने का साधन है।

सेवा के कई रूप हो सकते हैं, जैसे कि स्थानीय रसोईघर में स्वयंसेवा करना या किसी जरूरतमंद पड़ोसी की मदद करना। यह हमारे दैनिक कार्यों, जैसे खाना बनाना, सफाई करना, या दूसरों की देखभाल करना, को प्रेम और भक्ति के साथ करना भी हो सकता है।

सेवा का अभ्यास करके, हम अपना ध्यान स्वयं से हटाकर दूसरों पर केंद्रित करना सीखते हैं। हम करुणा की दृष्टि से दुनिया को देखना और इस तरह से कार्य करना सीखते हैं जो सभी प्राणियों के लिए लाभदायक हो। यह हमारी चेतना में एक गहरा परिवर्तन ला सकता है, क्योंकि हम महसूस करते हैं कि हमारी सच्ची खुशी दूसरों

की सेवा से आती है।

कर्म योग का अभ्यास हमेशा आसान नहीं होता। इसके लिए अनुशासन, समर्पण, और हमारे अहंकार-प्रेरित इच्छाओं को छोड़ने की इच्छा की आवश्यकता होती है। हालांकि, इसके फल अपार हैं। कर्म योग के मार्ग को अपनाकर, हम अपने जीवन को बदल सकते हैं और अपने आस-पास की दुनिया पर सकारात्मक प्रभाव डाल सकते हैं।

महात्मा गांधी के शब्दों में, "अपने आपको खोजने का सबसे अच्छा तरीका है दूसरों की सेवा में खो जाना।" कर्म योग का अभ्यास करके, हम अपनी सच्ची क्षमता को खोज सकते हैं और अधिक अर्थपूर्ण और उद्देश्यपूर्ण जीवन जी सकते हैं।

"दिव्य के साथ शाश्वत एकता कोई दूर का लक्ष्य नहीं है, बल्कि एक सदा उपस्थित वास्तविकता है। अपनी सच्ची प्रकृति को दिव्य प्राणियों के रूप में पहचानकर, हम खुशी, शांति और पूर्णता का जीवन जी सकते हैं।"

17

ज्ञान योग: ज्ञान और आत्म-चिंतन का मार्ग

योग की विशाल परंपराओं में, ज्ञान योग एक प्रकाशमय मार्ग के रूप में उभरता है, जो ज्ञान और आत्म-चिंतन की रूपांतरणकारी शक्ति को एक आध्यात्मिक अभ्यास के रूप में उजागर करता है। प्राचीन भारतीय दर्शन में निहित और दुनिया भर की विभिन्न संस्कृतियों द्वारा अपनाया गया, ज्ञान योग, जिसे "बुद्धिमत्ता का मार्ग" भी कहा जाता है, बौद्धिक जिज्ञासा, विवेक और ध्यान के माध्यम से आत्म-साक्षात्कार की खोज पर जोर देता है। यह एक ऐसा मार्ग है जो हमें अपने पूर्वाग्रहों पर सवाल उठाने, हमारे अस्तित्व की गहराइयों में उतरने, और अंततः वास्तविकता की सच्ची प्रकृति को खोजने की चुनौती देता है।

ज्ञान योग का आधार वेदांत दर्शन में है, जो हिंदू दर्शन के छह आस्थावादी विद्यालयों में से एक है। वेदांत, जिसका अर्थ है "वेदों का अंत," एक दार्शनिक प्रणाली है जो उपनिषदों की शिक्षाओं पर आधारित है। उपनिषद प्राचीन संस्कृत ग्रंथों का संग्रह है जो वास्तविकता, चेतना और आत्मा की प्रकृति का अन्वेषण करता है। वेदांत मानता है कि परम सत्य ब्रह्म है, जो संपूर्ण अस्तित्व के आधार में स्थित परम चेतना है। व्यक्तिगत आत्मा, या आत्मा, ब्रह्म से अलग नहीं है, बल्कि उसका अविभाज्य हिस्सा है।

ज्ञान योग इस अद्वैत सत्य को महसूस करने का मार्ग है, जो अहंकार की माया को पहचानता है और सार्वभौमिक चेतना में विलीन होने की दिशा में ले जाता है।

यह आत्म-चिंतन का मार्ग है, जो हमारे विश्वासों और धारणाओं पर प्रश्न उठाता है, और ऐसा ज्ञान प्राप्त करने की खोज करता है जो बौद्धिक सीमाओं को पार कर सके।

ज्ञान योग का अभ्यास तीन मुख्य चरणों में होता है: श्रवण (सुनना या अध्ययन), मनन (चिंतन और आत्म-चिंतन), और निदिध्यासन (ध्यान और आत्मसात)।

श्रवण ज्ञान योग का पहला चरण है, जिसमें हम ज्ञान और समझ को प्राप्त करने के लिए विद्वान शिक्षकों की शिक्षाओं को सुनते हैं, पवित्र ग्रंथों का अध्ययन करते हैं, और बौद्धिक जिज्ञासा में संलग्न होते हैं। इस चरण में वास्तविकता, आत्मा और परम सत्य की प्रकृति के बारे में सीखना शामिल है। यह ज्ञान प्राप्त करने और हमारे चारों ओर की दुनिया की बौद्धिक समझ को विस्तार देने का समय है।

मनन ज्ञान योग का दूसरा चरण है, जिसमें हम प्राप्त ज्ञान पर चिंतन और आत्म-चिंतन करते हैं। इसमें हमारे विश्वासों और धारणाओं पर सवाल उठाना, प्राप्त शिक्षाओं का विश्लेषण करना और गहरी समझ की खोज करना शामिल है। यह आत्मनिरीक्षण और आत्म-चिंतन का समय है, जिसमें हम अपने व्यक्तिगत अनुभवों के साथ बौद्धिक ज्ञान का समन्वय करते हैं।

निदिध्यासन ज्ञान योग का तीसरा और अंतिम चरण है, जिसमें हम प्राप्त सत्य पर ध्यान करते हैं और उसे आत्मसात करते हैं। इसमें सभी मानसिक संरचनाओं और अवधारणाओं को छोड़ देना और शुद्ध चेतना के रूप में हमारे सच्चे स्वरूप की जागरूकता में विश्राम करना शामिल है। यह गहरे ध्यान की स्थिति है, जिसमें मन शांत और मौन हो जाता है, और हम ब्रह्मांड के साथ एक गहन शांति और एकता का अनुभव करते हैं।

ज्ञान योग का अभ्यास आसान नहीं है। इसके लिए अनुशासन, समर्पण, और हमारे गहरे विश्वासों और धारणाओं पर प्रश्न उठाने की इच्छा की आवश्यकता होती है। हालांकि, इसके परिणाम अमूल्य हैं। ज्ञान योग के अभ्यास के माध्यम से, हम अपने सच्चे स्वरूप को एक आध्यात्मिक प्राणी के रूप में जागृत कर सकते हैं, अहंकार की सीमाओं को पार कर सकते हैं, और दिव्य के साथ एकता के परम आनंद का अनुभव कर सकते हैं।

ज्ञान योग में सबसे महत्वपूर्ण उपकरणों में से एक विवेक है। विवेक का अर्थ है वास्तविक और अवास्तविक, शाश्वत और अस्थायी, आत्मा और अनात्मा के बीच अंतर करने की क्षमता। यह मन की माया के माध्यम से देखने और वास्तविकता के अंतर्निहित सत्य को पहचानने की क्षमता है।

ज्ञान योग का एक और महत्वपूर्ण उपकरण वैराग्य है। वैराग्य का अर्थ है संसार की चीजों के प्रति हमारी आसक्ति को छोड़ना और उन्हें उनके वास्तविक स्वरूप में देखना – अस्थायी और निरंतर परिवर्तनशील। यह वर्तमान क्षण में संतोष पाने की क्षमता है, बिना अतीत से चिपके रहने या भविष्य की कामना करने के।

विवेक और वैराग्य का विकास करके, हम धीरे-धीरे अपने मन और हृदय को शुद्ध कर सकते हैं, जिससे समाधि के अनुभव की ओर अग्रसर हो सकते हैं, जो योगिक एकता की परम स्थिति है।

ज्ञान योग का मार्ग सभी के लिए नहीं है। यह एक ऐसा मार्ग है जिसमें एक मजबूत बौद्धिक क्षमता, ज्ञान की प्यास, और हर उस चीज पर सवाल उठाने की इच्छा की आवश्यकता होती है जिसे हम जानते हैं। हालांकि, जो इस मार्ग की ओर आकर्षित होते हैं, उनके लिए यह एक गहन रूपांतरणकारी अनुभव हो सकता है।

प्रसिद्ध भारतीय संत, आदि शंकराचार्य के शब्दों में, "केवल ब्रह्म ही वास्तविक है; संसार माया है; और व्यक्तिगत आत्मा ब्रह्म से भिन्न नहीं है।" यही ज्ञान योग की मूल शिक्षा है, जो ज्ञान और आत्म-चिंतन का मार्ग है। इस सत्य को महसूस करके, हम अहंकार की सीमाओं को पार कर सकते हैं और मुक्ति की अंतिम स्वतंत्रता का अनुभव कर सकते हैं।

"योग का अभ्यास आत्म-खोज की यात्रा है, जो हमारे सच्चे स्वभाव को छुपाने वाले संस्कारों और सीमित विश्वासों की परतों को हटाता है। योग की शिक्षाओं को अपनाकर, हम अपनी पूरी क्षमता को जागृत कर सकते हैं और अधिक आनंद, शांति और पूर्णता से भरपूर जीवन जी सकते हैं।"

18

राज योग: ध्यान का राजसी मार्ग

योग की विशाल और जटिल परंपराओं में, राज योग एक भव्य मार्ग के रूप में उभरता है, जो आत्म-साक्षात्कार और आध्यात्मिक ज्ञान की राजसी राह को प्रकाशित करता है। अक्सर "योग का राजा" कहा जाने वाला राज योग आंतरिक परिवर्तन के लिए एक व्यापक और व्यवस्थित दृष्टिकोण को अपनाता है, जो मानसिक अनुशासन, एकाग्रता, ध्यान, और अंततः समाधि की अवस्था को प्राप्त करने पर जोर देता है, जो परम सत्य के साथ एकात्मता की अवस्था है।

प्राचीन भारतीय दर्शन में निहित और पतंजलि के योग सूत्रों में व्यवस्थित, राज योग एक संरचित अष्टांग मार्ग प्रदान करता है, जो साधक को जन्म और मृत्यु के चक्र से मुक्ति के अंतिम लक्ष्य की ओर ले जाता है। राज योग के आठ अंग हैं: यम (नैतिक संयम), नियम (व्यक्तिगत पालन), आसन (शारीरिक मुद्राएँ), प्राणायाम (सांस नियंत्रण), प्रत्याहार (इंद्रियों का संवरण), धारणा (एकाग्रता), ध्यान (मेडिटेशन), और समाधि (अवशोषण)।

पहले दो अंग, यम और नियम, आध्यात्मिक अभ्यास के लिए नैतिक और व्यक्तिगत आधार तैयार करते हैं। यम में पाँच नैतिक संयम शामिल हैं: अहिंसा (अहिंसा), सत्य (सत्यता), अस्तेय (अचोरी), ब्रह्मचर्य (संयम), और अपरिग्रह (अस्वामित्व)। नियम में पाँच व्यक्तिगत पालन शामिल हैं: शौच (शुद्धता), संतोष (संतोष), तप (साधना), स्वाध्याय (आत्म-अध्ययन), और ईश्वर

प्राणिधान (दिव्य समर्पण)।

तीसरा अंग, आसन, उन शारीरिक मुद्राओं को संदर्भित करता है जो शरीर को शुद्ध करने, तंत्रिका तंत्र को मजबूत करने और ध्यान के लिए एक स्थिर आधार बनाने के लिए की जाती हैं। आसन केवल शारीरिक व्यायाम नहीं है, बल्कि एक प्रकार का चलायमान ध्यान है जो जागरूकता, एकाग्रता, और आंतरिक स्थिरता को विकसित करने में मदद करता है।

प्राणायाम, चौथा अंग, सांस नियंत्रण का अभ्यास है। सांस को सचेत रूप से नियंत्रित करके, हम शरीर में प्राण या जीवन ऊर्जा के प्रवाह को प्रभावित कर सकते हैं, जिससे मन को शांत, भावनाओं को संतुलित, और गहरे ध्यान के लिए स्वयं को तैयार कर सकते हैं।

प्रत्याहार, पाँचवाँ अंग, इंद्रियों का बाहरी वस्तुओं से संवरण है। इसमें हमारा ध्यान भीतर की ओर मोड़ना और दैनिक जीवन में अनुभव किए जाने वाले संवेदी इनपुट की निरंतर बौछार से अलग होना शामिल है। इंद्रियों को संवरण करके, हम आंतरिक शांति और ग्रहणशीलता की अवस्था बना सकते हैं, जो गहरे ध्यान के लिए आवश्यक है।

धारणा, छठा अंग, एकाग्रता का अभ्यास है, जहाँ हम अपना ध्यान एक वस्तु या बिंदु पर केंद्रित करते हैं। यह सांस, मंत्र, एक दृश्य चित्र, या कोई अन्य वस्तु हो सकती है जो मन को स्थिर और केंद्रित करने में सहायक हो। धारणा ध्यान अभ्यास का महत्वपूर्ण चरण है, क्योंकि यह मन की एकाग्रता विकसित करने में मदद करता है, जो गहरे चेतना के स्तरों में प्रवेश के लिए आवश्यक है।

ध्यान, सातवाँ अंग, एकाग्रता का अनवरत प्रवाह है। ध्यान में, मन ध्यान की वस्तु में समाहित हो जाता है, और साधक और ध्यान की वस्तु के बीच द्वैत का भाव समाप्त हो जाता है। यह गहरी आंतरिक शांति, स्पष्टता, और अंतर्दृष्टि की अवस्था तक ले जाता है।

समाधि, आठवाँ और अंतिम अंग, राज योग के पूरे मार्ग का चरम है। यह परम सत्य के साथ एकात्मता की अवस्था है, जहाँ व्यक्तिगत आत्मा सार्वभौमिक

चेतना में विलीन हो जाती है। समाधि में, मन पूरी तरह से स्थिर हो जाता है, और द्वैत की भावना समाप्त हो जाती है। यह शुद्ध आनंद, शांति और मुक्ति की अवस्था है।

राज योग का मार्ग एक व्यवस्थित और क्रमिक प्रक्रिया है जो अनुशासन, समर्पण, और धैर्य की आवश्यकता होती है। यह कोई त्वरित समाधान या जादुई उपाय नहीं है, बल्कि आत्म-खोज और रूपांतरण की एक जीवन-पर्यन्त यात्रा है। हालांकि, जो लोग अभ्यास के प्रति समर्पित होते हैं, उनके लिए राज योग दुख के चक्र से अंतिम मुक्ति और स्थायी शांति और खुशी प्राप्ति का वादा करता है।

राज योग के प्रमुख सिद्धांतों में से एक अभ्यास या अभ्यास की निरंतरता का सिद्धांत है। इसका अर्थ है कि हमें योग के आठ अंगों का नियमित और लगातार अभ्यास करना चाहिए, ताकि हम इस मार्ग पर प्रगति कर सकें। निरंतर अभ्यास के माध्यम से हम मन की बाधाओं, जैसे कि ध्यान भंग, बेचैनी, और संदेह को दूर कर सकते हैं और आध्यात्मिक जागृति के लिए आवश्यक आंतरिक शक्ति और स्पष्टता विकसित कर सकते हैं।

राज योग का एक और महत्वपूर्ण सिद्धांत वैराग्य या अनासक्ति है। इसका अर्थ है संसार की वस्तुओं के प्रति अपनी आसक्ति को छोड़ना, जैसे कि संपत्ति, संबंध, और यहां तक कि अपने शरीर और मन के प्रति भी। अनासक्ति को विकसित करके, हम अस्थायी चीजों से चिपके रहने से उत्पन्न होने वाले दुखों से मुक्त हो सकते हैं और सच्ची स्वतंत्रता और मुक्ति का अनुभव कर सकते हैं।

राज योग का अभ्यास केवल साधुओं और संन्यासियों के लिए नहीं है। यह किसी भी व्यक्ति द्वारा अपनाया जा सकता है, चाहे उनकी पृष्ठभूमि या जीवन शैली कुछ भी हो। हालांकि, इस मार्ग पर चलने के लिए एक योग्य शिक्षक को खोजना महत्वपूर्ण है, जो हमें इस मार्ग पर मार्गदर्शन कर सके और उन बाधाओं से बचने में हमारी मदद कर सके जो इस मार्ग में आ सकती हैं।

एक कुशल शिक्षक के मार्गदर्शन और अभ्यास के प्रति एक सच्ची प्रतिबद्धता के साथ, राज योग हमारे जीवन में एक गहरी रूपांतरणकारी बदलाव ला सकता है, जिससे हम अधिक शांति, आनंद, और पूर्णता के साथ जीवन जी सकते हैं। यह एक

ऐसा मार्ग है जो दुख से अंतिम मुक्ति और स्थायी खुशी और कल्याण की प्राप्ति का वादा करता है।

"योग पूर्णता के बारे में नहीं, बल्कि प्रगति के बारे में है। योग के मार्ग पर उठाया गया हर कदम हमें अपने सच्चे स्वरूप के और करीब लाता है, उस दिव्य चिंगारी के और करीब जो हमारे भीतर विद्यमान है।"

19

तंत्र योग: जीवन के संपूर्ण स्वरूप को अपनाना

योग की विशाल और विविध परंपराओं में, तंत्र योग एक जीवंत और अक्सर गलत समझा जाने वाला मार्ग है, जो जीवन के संपूर्ण स्वरूप को उसकी जटिलता और सुंदरता में अपनाता है। प्राचीन भारतीय दर्शन और अभ्यास में निहित, तंत्र योग आध्यात्मिकता के प्रति एक अनूठा दृष्टिकोण प्रस्तुत करता है, जो हमारे अस्तित्व के शारीरिक, मानसिक, भावनात्मक और आध्यात्मिक आयामों को एकीकृत करता है। यह एक ऐसा मार्ग है जो सभी चीजों के परस्पर संबंध का उत्सव मनाता है, अस्तित्व के द्वैत को अपनाता है और विरोधाभासों के संयोग के माध्यम से सीमाओं को पार करने की तलाश करता है।

तंत्र योग की जड़ें प्राचीन सिंधु घाटी सभ्यता में हैं, जो लगभग 3000 ईसा पूर्व की है। यह एक समृद्ध और विविध परंपरा है, जिसमें कई स्कूल और परंपराएँ हैं, जिनमें से प्रत्येक के अपने अनूठे अभ्यास और दर्शन हैं। हालांकि, सभी तांत्रिक परंपराओं में एक सामान्य धागा है - यह विश्वास कि ब्रह्मांड एक दिव्य ऊर्जा, या शक्ति का प्रकट रूप है, और हम विभिन्न अभ्यासों के माध्यम से इस ऊर्जा को प्राप्त कर सकते हैं, जिसमें योग, ध्यान, अनुष्ठान और यौनता शामिल हैं।

तंत्र योग को अक्सर यौनता के साथ जोड़ा जाता है, और यद्यपि यह कुछ तांत्रिक

परंपराओं का एक महत्वपूर्ण पहलू है, यह इसका एकमात्र उद्देश्य नहीं है। तंत्र एक समग्र दृष्टिकोण है जो जीवन के सभी पहलुओं को अपनाता है, जिसमें शारीरिक, मानसिक, भावनात्मक और आध्यात्मिक आयाम शामिल हैं। यह एक ऐसा मार्ग है जो सांसारिक को पवित्र के साथ, भौतिक को आध्यात्मिक के साथ, और व्यक्तिगत को सार्वभौमिक के साथ जोड़ने की तलाश करता है।

तंत्र योग के मुख्य सिद्धांतों में से एक अद्वैत या अद्वितीयता का सिद्धांत है। इसका अर्थ है कि व्यक्तिगत आत्म और परम सत्य या ब्रह्म के बीच कोई मौलिक अलगाव नहीं है। अस्तित्व का जो द्वैत प्रतीत होता है, वह एक भ्रम है, और तंत्र योग का लक्ष्य इस भ्रम को पार करना और हमें शुद्ध चेतना के रूप में हमारी सच्ची प्रकृति का एहसास कराना है।

इस लक्ष्य को प्राप्त करने के लिए, तंत्र योग विभिन्न अभ्यासों का उपयोग करता है, जिनमें आसन (शारीरिक मुद्राएँ), प्राणायाम (सांस नियंत्रण), मंत्र (पवित्र ध्वनि), मुद्रा (हाथ के इशारे), और अनुष्ठान शामिल हैं। इन अभ्यासों को हमारे भीतर की सुप्त ऊर्जा, जिसे कुंडलिनी शक्ति कहा जाता है, को जागृत करने और इसे आध्यात्मिक मुक्ति की दिशा में निर्देशित करने के लिए डिज़ाइन किया गया है।

आसन, या शारीरिक मुद्राएँ, तंत्र योग का एक महत्वपूर्ण हिस्सा हैं। ये केवल शारीरिक व्यायाम नहीं हैं, बल्कि जागरूकता का विस्तार करने और चेतना के गहरे स्तरों तक पहुँचने के उपकरण हैं। तांत्रिक आसनों में अक्सर कोमल गति, गहरी खींच और स्थिरताएँ शामिल होती हैं, जो तनाव को दूर करने, शरीर को खोलने और आंतरिक शांति की भावना को विकसित करने में सहायक होती हैं।

प्राणायाम, या सांस नियंत्रण, तंत्र योग का एक और अनिवार्य अभ्यास है। सांस को शरीर और मन के बीच एक सेतु के रूप में देखा जाता है, जो प्राण, या जीवन ऊर्जा का वाहक है। सांस को सचेत रूप से नियंत्रित करके, हम शरीर में प्राण के प्रवाह को प्रभावित कर सकते हैं, जिससे मन को शांत, भावनाओं को संतुलित, और गहरे ध्यान के लिए स्वयं को तैयार कर सकते हैं।

मंत्र, या पवित्र ध्वनि, तंत्र योग में परिवर्तन के लिए एक शक्तिशाली साधन है।

मंत्रों को अक्सर जोर से या मन में चुपचाप दोहराया जाता है, और माना जाता है कि ये शरीर और मन की सूक्ष्म ऊर्जाओं के साथ प्रतिध्वनित होते हैं, जिससे चेतना में गहन परिवर्तन होते हैं।

मुद्राएँ, या हाथ के इशारे, तंत्र योग का एक अन्य महत्वपूर्ण पहलू हैं। मुद्राएँ प्रतीकात्मक इशारे हैं जो शरीर के भीतर ऊर्जा को चैनल और निर्देशित करने के लिए उपयोग की जाती हैं। इन्हें आसन, प्राणायाम, या मंत्र के साथ मिलाकर इन अभ्यासों के प्रभाव को बढ़ाया जा सकता है।

अनुष्ठान भी तंत्र योग का एक अभिन्न हिस्सा है। अनुष्ठान प्रतीकात्मक क्रियाएँ हैं जो विशिष्ट ऊर्जाओं या देवताओं को बुलाने के लिए की जाती हैं। इनका उपयोग जीवन के महत्वपूर्ण बदलावों को चिह्नित करने, त्योहारों और छुट्टियों का जश्न मनाने, या बस दिव्यता से जुड़ने के लिए किया जा सकता है।

इन अभ्यासों के अलावा, तंत्र योग एक स्वस्थ जीवन शैली को अपनाने पर भी जोर देता है, जिसमें संतुलित आहार, नियमित व्यायाम और पर्याप्त नींद शामिल है। ये अभ्यास एक स्वस्थ शरीर और मन बनाए रखने के लिए आवश्यक माने जाते हैं, जो आध्यात्मिक विकास और रूपांतरण के लिए आवश्यक हैं।

तंत्र योग आत्म-खोज, सशक्तिकरण और मुक्ति का मार्ग है। यह हमें अपने अस्तित्व के सभी पहलुओं को अपनाने के लिए आमंत्रित करता है, जिसमें छाया पक्ष भी शामिल है, और उन्हें एक समग्र और सामंजस्यपूर्ण संपूर्ण में एकीकृत करने का मार्ग है। यह मानव अनुभव की विविधता का उत्सव मनाने वाला मार्ग है और हमें आध्यात्मिक जागृति की अपनी अनूठी राह खोजने के लिए प्रोत्साहित करता है।

तंत्र योग का एक सबसे विवादास्पद पहलू इसका यौनता का आध्यात्मिक अभ्यास के रूप में उपयोग है। कुछ तांत्रिक परंपराओं में, यौन ऊर्जा को एक शक्तिशाली परिवर्तनकारी शक्ति के रूप में देखा जाता है और कुंडलिनी शक्ति को जागृत करने और आध्यात्मिक विकास में तेजी लाने के लिए विशिष्ट अनुष्ठानों और अभ्यासों में इसका उपयोग किया जाता है। हालांकि, यह ध्यान रखना महत्वपूर्ण है कि तांत्रिक यौनता आत्म-तृप्ति या भोगवाद के बारे में नहीं है। यह एक पवित्र

अभ्यास है जिसे श्रद्धा, सम्मान और ऊर्जात्मक गतिशीलता की गहरी समझ के साथ किया जाता है।

तंत्र योग एक जटिल और बहुआयामी परंपरा है जो उन लोगों के लिए ज्ञान और अभ्यास का खजाना प्रस्तुत करती है जो अपनी आध्यात्मिक समझ को गहरा करना और अधिक पूर्ण जीवन जीना चाहते हैं। यह जीवन के संपूर्ण मानवीय अनुभव को अपनाने वाला मार्ग है, जो साधारण से पवित्र तक, एक समग्र दृष्टिकोण प्रदान करता है जो हमारे अस्तित्व के शारीरिक, मानसिक, भावनात्मक और आध्यात्मिक आयामों को एकीकृत करता है।

चाहे हम तंत्र योग की आत्म-खोज, सशक्तिकरण, मुक्ति, या इसके यौनता और आध्यात्मिकता के अद्वितीय दृष्टिकोण की ओर आकर्षित हों, यह एक ऐसा मार्ग है जो विकास और रूपांतरण के अनगिनत संभावनाओं की पेशकश करता है। जीवन के संपूर्ण स्वरूप को अपनाकर, हम अपने भीतर विद्यमान असीम संभावनाओं को प्राप्त कर सकते हैं और अपनी सच्ची दिव्य प्रकृति को जागृत कर सकते हैं।

"योग का सच्चा सार बाहरी रूपों और अभ्यासों में नहीं, बल्कि आंतरिक रूपांतरण में निहित है जो इसे उत्पन्न करता है। यह हृदय की यात्रा है, जो हमें हमारे अस्तित्व के परम सत्य की ओर ले जाती है।"

20

दैनिक जीवन में योग को शामिल करना

दैनिक जीवन में योग को शामिल करना केवल एक चटाई बिछाकर एक घंटे के लिए आसनों का अभ्यास करना नहीं है; यह हमारे अस्तित्व के हर पहलू में समग्र कल्याण को अपनाने के बारे में है। यह सजगता, जागरूकता, और करुणा को दिन की शुरुआत से लेकर रात में सोने तक के हर कार्य में विकसित करने के बारे में है। यह हमारे शारीरिक, मानसिक, भावनात्मक और आध्यात्मिक स्व के बीच एक सामंजस्यपूर्ण संतुलन बनाने और हमारे उच्चतम मूल्यों और आकांक्षाओं के साथ तालमेल में जीवन जीने के बारे में है।

हमारे दैनिक जीवन में योग को शामिल करने के लिए हमारी जीवनशैली में किसी बड़े बदलाव की आवश्यकता नहीं होती। यह उतना सरल हो सकता है जितना कि दिन की शुरुआत कुछ मिनटों की सजग श्वास से करना या इसे एक शांत ध्यान के साथ समाप्त करना। यह काम के दौरान कोमल खिंचावों को शामिल करने जितना सहज या एक योग कक्षा में शामिल होने जितना स्फूर्तिदायक हो सकता है। कुंजी यह है कि ऐसे अभ्यास खोजें जो हमारे साथ मेल खाते हों और उन्हें अपनी दैनिक दिनचर्या का नियमित हिस्सा बनाएं।

दैनिक जीवन में योग को शामिल करने के सबसे सुलभ और प्रभावी तरीकों में से एक है सजग श्वास, या प्राणायाम का अभ्यास। प्राणायाम पतंजलि के योग के अष्टांग मार्ग का चौथा अंग है और श्वास को सचेत रूप से नियंत्रित करने को

संदर्भित करता है। अपनी श्वास को सचेत रूप से नियंत्रित करके, हम शरीर में प्राण, या जीवन ऊर्जा के प्रवाह को प्रभावित कर सकते हैं, जिससे मन को शांत, भावनाओं को संतुलित, और समग्र कल्याण को बढ़ावा दिया जा सकता है।

प्राणायाम की कई तकनीकें हैं, जो सरल श्वास अभ्यासों से लेकर जटिल प्रक्रियाओं तक हैं। एक सरल तकनीक जिसे आसानी से दैनिक जीवन में शामिल किया जा सकता है वह है नाड़ी शोधन प्राणायाम या वैकल्पिक नासिका श्वास। इस अभ्यास में एक नासिका को बंद करके दूसरी से श्वास लेना और फिर नासिका बदलकर श्वास छोड़ना शामिल है। नाड़ी शोधन प्राणायाम को शरीर में प्राण के प्रवाह को संतुलित करने, नाड़ियों (ऊर्जा चैनलों) को शुद्ध करने, और मानसिक स्पष्टता और एकाग्रता को बढ़ावा देने वाला माना जाता है।

एक और सरल प्राणायाम तकनीक है उज्जयी प्राणायाम, जिसे विजयी श्वास भी कहा जाता है। इस अभ्यास में गले को थोड़ा संकुचित करते हुए श्वास लेना होता है, जिससे एक हल्की खर्राटे जैसी ध्वनि उत्पन्न होती है। उज्जयी प्राणायाम को तंत्रिका तंत्र को शांत करने, तनाव और चिंता को कम करने, और गहरी विश्राम को बढ़ावा देने वाला माना जाता है।

अपनी दिनचर्या में सिर्फ कुछ मिनटों का प्राणायाम शामिल करके, हम अपने समग्र कल्याण में गहरा बदलाव महसूस कर सकते हैं। हम पा सकते हैं कि हम अधिक शांत और संतुलित हैं, अधिक केंद्रित और उत्पादक हैं, और जीवन की चुनौतियों का सामना करने में अधिक सक्षम हैं।

प्राणायाम के अलावा, हम अपने दैनिक जीवन में योग को आसन, या शारीरिक मुद्राओं के अभ्यास के माध्यम से भी शामिल कर सकते हैं। आसन पतंजलि के योग के अष्टांग मार्ग का तीसरा अंग है और शारीरिक योग अभ्यास को संदर्भित करता है। यद्यपि इसे अक्सर लचीलापन और ताकत के साथ जोड़ा जाता है, आसन मात्र शारीरिक व्यायाम नहीं है। यह एक चलायमान ध्यान का रूप है जो जागरूकता, एकाग्रता, और आंतरिक स्थिरता को विकसित करने में मदद करता है।

असंख्य आसन हैं, प्रत्येक के अपने अनूठे लाभ हैं। कुछ आसन ऊर्जावान और

स्फूर्तिदायक होते हैं, जबकि अन्य शांत और स्थिरता देने वाले होते हैं। अपने दैनिक अभ्यास में विभिन्न आसनों को शामिल करके, हम एक संतुलित अभ्यास बना सकते हैं जो हमारे समग्र कल्याण का समर्थन करता है।

हर दिन कुछ मिनटों का आसन अभ्यास भी हमारे शारीरिक और मानसिक स्वास्थ्य में महत्वपूर्ण बदलाव ला सकता है। हम पा सकते हैं कि हम अधिक लचीले और मजबूत हैं, अधिक ऊर्जावान और सतर्क हैं, और अधिक शांत और सहज हैं।

प्राणायाम और आसन के अलावा, हम ध्यान के अभ्यास के माध्यम से भी अपने दैनिक जीवन में योग को शामिल कर सकते हैं। ध्यान वर्तमान क्षण पर ध्यान देने का अभ्यास है बिना किसी निर्णय के। यह जो कुछ भी हम कर रहे हैं उसमें पूरी तरह से संलग्न होने के बारे में है, चाहे वह खाना खाना हो, चलना हो, बात करना हो, या बस श्वास लेना हो।

ध्यान किसी भी समय और किसी भी स्थान पर किया जा सकता है। यह उतना सरल हो सकता है जितना कि कुछ पल रुककर अपनी श्वास का अवलोकन करना, या यह एक औपचारिक ध्यान अभ्यास में संलग्न होना जितना गहन हो सकता है। सजगता को विकसित करके, हम अपने विचारों, भावनाओं, और संवेदनाओं के प्रति गहरी जागरूकता विकसित कर सकते हैं, और जीवन की चुनौतियों का सामना अधिक संतुलन और अनुग्रह के साथ कर सकते हैं।

दैनिक जीवन में योग को शामिल करना केवल विशेष तकनीकों का अभ्यास करने के बारे में नहीं है; यह हमारे विचारों, शब्दों, और कार्यों में योगिक सिद्धांतों को अपनाने के बारे में भी है। इनमें अहिंसा (अहिंसा), सत्य (सत्यता), अस्तेय (अचोरी), ब्रह्मचर्य (संयम), और अपरिग्रह (अस्वामित्व) जैसे सिद्धांत शामिल हैं। इन सिद्धांतों के अनुसार जीवन जीकर, हम अपने और दूसरों के लिए एक अधिक सामंजस्यपूर्ण और पूर्ण जीवन बना सकते हैं।

दैनिक जीवन में योग को शामिल करना आत्म-खोज और रूपांतरण की यात्रा है। यह निरंतर सीखने और विकास की प्रक्रिया है, जहाँ हम योग के कई पहलुओं का अन्वेषण करते हैं और उन अभ्यासों को ढूंढते हैं जो हमारे साथ सबसे गहराई से

मेल खाते हैं।

जैसे-जैसे हम अपने अभ्यास को गहरा करते हैं, हम पा सकते हैं कि योग केवल तकनीकों या अभ्यासों का सेट नहीं रह जाता। यह जीवन जीने का एक तरीका, दुनिया में होने का एक तरीका बन सकता है जो सजगता, करुणा, और ज्ञान में निहित है। योग की शिक्षाओं को अपनाकर, हम अपनी पूरी क्षमता को जागृत कर सकते हैं और अधिक आनंद, शांति, और पूर्णता का जीवन जी सकते हैं।

"योग एक धर्म नहीं है; यह जीवन जीने का एक तरीका है। यह एक ऐसा मार्ग है जिसे सभी उम्र, पृष्ठभूमि और विश्वास के लोग अपना सकते हैं। यह आत्म-साक्षात्कार की एक सार्वभौमिक यात्रा है, जो हमें हमारे अस्तित्व के केंद्र की ओर ले जाती है।"

21

आध्यात्मिक मार्ग पर आने वाली बाधाओं को पार करना

आध्यात्मिक विकास की यात्रा शायद ही कभी सरल और सीधी होती है। यह अक्सर चुनौतियों, असफलताओं, और बाधाओं से भरी होती है जो हमारी दृढ़ता, धैर्य, और विश्वास की परीक्षा लेती हैं। ये बाधाएँ कई रूपों में सामने आ सकती हैं, आंतरिक और बाहरी दोनों रूप में, और ये हमारे आध्यात्मिक विकास के किसी भी चरण में उत्पन्न हो सकती हैं। हालांकि, ये चुनौतियाँ हमें हमारे मार्ग से विचलित करने के लिए नहीं हैं; बल्कि, ये हमारे लिए विकास, सीखने, और परिवर्तन के अवसर हैं। इन बाधाओं को पहचानकर और उन्हें पार करके, हम अपने आत्म-बोध को गहरा कर सकते हैं, अपने आध्यात्मिक अभ्यास को मजबूत कर सकते हैं, और आत्म-साक्षात्कार के अपने अंतिम लक्ष्य के करीब जा सकते हैं।

आध्यात्मिक मार्ग पर सबसे सामान्य बाधाओं में से एक अहंकार है। अहंकार हमारे मानसिकता का वह हिस्सा है जो हमारे व्यक्तिगत आत्म, हमारे विचारों, भावनाओं और इच्छाओं के साथ पहचान करता है। यह दूसरों और ब्रह्मांड से अलग होने की हमारी भावना का स्रोत है, और यह अक्सर हमारे दुख का मूल कारण है। अहंकार कई तरीकों से प्रकट हो सकता है, जैसे कि घमंड, लोभ, ईर्ष्या, क्रोध, और वासना। ये नकारात्मक भावनाएँ हमारे निर्णय को धूमिल कर सकती हैं, हमारे आध्यात्मिक प्रगति को बाधित कर सकती हैं, और दूसरों के साथ हमारे

संबंधों में बाधाएँ उत्पन्न कर सकती हैं।

अहंकार को पार करने के लिए, हमें आत्म-जागरूकता और अनासक्ति को विकसित करना चाहिए। इसमें अहंकार के विचारों और व्यवहार के पैटर्न को पहचानना और बिना किसी निर्णय या आसक्ति के उन्हें देखना शामिल है। हमें अपनी इच्छाओं और अपेक्षाओं को छोड़ना भी सीखना चाहिए और जीवन की धारा के प्रति समर्पित होना चाहिए। ध्यान, आत्म-चिंतन, और निःस्वार्थ सेवा जैसे अभ्यासों के माध्यम से, हम धीरे-धीरे अहंकार की पकड़ को कमजोर कर सकते हैं और अपनी सच्ची प्रकृति का गहरा अनुभव कर सकते हैं।

आध्यात्मिक मार्ग पर दूसरी सामान्य बाधा संदेह है। संदेह कई रूपों में उत्पन्न हो सकता है, जैसे कि हमारी आध्यात्मिक मान्यताओं की वैधता पर सवाल उठाना, अपनी क्षमताओं पर संदेह करना, या उस मार्ग के बारे में अनिश्चितता महसूस करना जिस पर हम हैं। संदेह आध्यात्मिक प्रगति के लिए एक बड़ी बाधा हो सकता है, क्योंकि यह हिचकिचाहट, टालमटोल, और यहां तक कि हमारे आध्यात्मिक अभ्यास को छोड़ने का कारण बन सकता है।

संदेह को पार करने के लिए, हमें विश्वास और भरोसे को विकसित करना चाहिए। इसमें अपने भीतर की बुद्धि पर विश्वास, अपने शिक्षकों और मार्गदर्शकों पर भरोसा, और हमारे जीवन में प्रकट हो रही दिव्य योजना पर विश्वास होना शामिल है। हमें अनिश्चितता और अस्पष्टता को भी अपनाना सीखना चाहिए, यह पहचानते हुए कि संदेह आध्यात्मिक यात्रा का एक स्वाभाविक हिस्सा है। प्रार्थना, ध्यान, और चिंतन जैसे अभ्यासों के माध्यम से, हम अपने विश्वास को मजबूत कर सकते हैं और मार्ग में आने वाले संदेहों को दूर कर सकते हैं।

भय भी एक और प्रमुख बाधा है जिसका हम आध्यात्मिक मार्ग पर सामना कर सकते हैं। भय कई रूपों में प्रकट हो सकता है, जैसे कि अज्ञात का भय, असफलता का भय, अस्वीकृति का भय, या मृत्यु का भय। ये भय हमें जकड़ सकते हैं, जोखिम लेने से रोक सकते हैं, और हमें अपनी आरामदायक सीमाओं में बंद रख सकते हैं।

भय को पार करने के लिए, हमें साहस और विश्वास को विकसित करना चाहिए। इसमें अपने भय का सीधा सामना करना, यह समझना कि वे अक्सर भ्रम और

गलत मान्यताओं पर आधारित होते हैं, शामिल है। हमें अपनी आंतरिक शक्ति और सहनशीलता पर विश्वास करना और हमारे चारों ओर की दिव्य सुरक्षा पर भरोसा करना भी सीखना चाहिए। योग, ध्यान, और श्वास अभ्यास जैसे अभ्यासों के माध्यम से, हम तंत्रिका तंत्र को शांत कर सकते हैं, चिंता को कम कर सकते हैं, और आंतरिक शांति और साहस की भावना को विकसित कर सकते हैं।

लगाव भी एक बाधा है जो हमारे आध्यात्मिक प्रगति में रुकावट डाल सकता है। लगाव चीजों, लोगों, या विचारों के प्रति आसक्ति है, और यह हमारे अधिकांश दुखों का मूल कारण है। जब हम किसी चीज से जुड़े होते हैं, तो हम अपने सुख और कल्याण के लिए उस पर निर्भर हो जाते हैं। इससे अधिकार, ईर्ष्या, और हानि का भय उत्पन्न हो सकता है।

लगाव को पार करने के लिए, हमें अनासक्ति और अस्वामित्व को विकसित करना चाहिए। इसमें सभी चीजों के अस्थायी स्वभाव को पहचानना और उनसे अपने लगाव को छोड़ना शामिल है। हमें बाहरी स्रोतों पर निर्भर होने के बजाय अपने भीतर सुख और संतोष खोजना भी सीखना चाहिए। सजगता, ध्यान, और निःस्वार्थ सेवा जैसे अभ्यासों के माध्यम से, हम धीरे-धीरे अपने लगावों को छोड़ सकते हैं और अधिक स्वतंत्रता और आंतरिक शांति का अनुभव कर सकते हैं।

इन आंतरिक बाधाओं के अलावा, हमारे आध्यात्मिक मार्ग पर बाहरी बाधाएँ भी आ सकती हैं। ये बाधाएँ व्याकुलता, आलोचना, या दूसरों से विरोध के रूप में सामने आ सकती हैं। ये हमारे जीवन की परिस्थितियों, जैसे कि वित्तीय कठिनाइयाँ, स्वास्थ्य समस्याएँ, या संबंधों की चुनौतियों से भी उत्पन्न हो सकती हैं।

बाहरी बाधाओं को पार करने के लिए, हमें सहनशीलता, धैर्य, और अनुकूलनशीलता को विकसित करना चाहिए। इसमें प्रतिकूल परिस्थितियों में भी अपने आध्यात्मिक लक्ष्यों पर ध्यान केंद्रित रखना शामिल है। हमें बदलती परिस्थितियों के अनुसार ढलना और चुनौतियों का समाधान खोजने के लिए रचनात्मकता को अपनाना भी सीखना चाहिए। योग, ध्यान, और प्रार्थना जैसे अभ्यासों के माध्यम से, हम अपनी दृढ़ता को मजबूत कर सकते हैं, आंतरिक शांति को बढ़ा सकते हैं, और अपने आध्यात्मिक मार्ग पर आगे बढ़ने का साहस पा सकते

हैं।

आध्यात्मिक मार्ग पर बाधाओं को पार करना एक बार की घटना नहीं है, बल्कि यह विकास और सीखने की एक सतत प्रक्रिया है। यह आत्म-खोज की यात्रा है, जिसमें हम अपने भय और सीमाओं का सामना करते हैं और अपनी सच्ची संभावनाओं को अपनाते हैं।

मार्ग में आने वाली बाधाओं को पहचानकर और उन्हें पार करके, हम अपने आध्यात्मिक अभ्यास को गहरा कर सकते हैं, आत्म-जागरूकता को बढ़ा सकते हैं, और आत्म-साक्षात्कार के अपने अंतिम लक्ष्य के करीब जा सकते हैं। आध्यात्मिक मार्ग हमेशा आसान नहीं होता, लेकिन यह अंततः एक फलदायी मार्ग है, जो अधिक शांति, आनंद, और पूर्णता से भरे जीवन की ओर ले जाता है।

"योग का अभ्यास केवल व्यक्तिगत लक्ष्यों को प्राप्त करने के बारे में नहीं है; यह सभी प्राणियों की सामूहिक भलाई में योगदान करने के बारे में है। करुणा, सहानुभूति, और निःस्वार्थ सेवा को विकसित करके, हम एक अधिक सामंजस्यपूर्ण और शांतिपूर्ण दुनिया का निर्माण कर सकते हैं।"

22

निष्कर्ष: दिव्य के साथ शाश्वत एकता

योग का मार्ग, एक गहन और प्राचीन अनुशासन, आत्म-साक्षात्कार और आध्यात्मिक ज्ञान की यात्रा पर अनेकों साधकों के लिए एक मार्गदर्शक प्रकाश रहा है। इसके विभिन्न शाखाओं और अभ्यासों के माध्यम से, योग हमारे अस्तित्व के शारीरिक, मानसिक, भावनात्मक और आध्यात्मिक आयामों को एकीकृत करने का एक समग्र दृष्टिकोण प्रदान करता है। इस रूपांतरणकारी यात्रा का अंतिम लक्ष्य हमारी सच्ची प्रकृति का एहसास करना है कि हम दिव्य प्राणी हैं, दिव्य के साथ शाश्वत एकता।

यह समापन अन्वेषण दिव्य के साथ शाश्वत एकता की गहन अवधारणा में प्रवेश करता है, विभिन्न योगिक परंपराओं और दार्शनिक प्रणालियों की शिक्षाओं और ज्ञान का अवलोकन करता है। हम दिव्यता की प्रकृति, आत्मा की अवधारणा, आध्यात्मिक जागृति की प्रक्रिया, और जन्म और मृत्यु के चक्र से मुक्ति के अंतिम लक्ष्य का अन्वेषण करेंगे।

दिव्य, अपने सार में, परिभाषा और वर्णन से परे है। यह परम सत्य है, समस्त अस्तित्व का स्रोत है, वह आधारभूत चेतना है जो संपूर्ण ब्रह्मांड में व्याप्त है। इसे हिंदू दर्शन में ब्रह्म, इस्लाम में अल्लाह, या अन्य अनेक आध्यात्मिक परंपराओं में ईश्वर कहा जाता है। दिव्य कोई अलग इकाई नहीं है जो हमसे बाहर कहीं निवास करती हो; बल्कि, यह हमारे अस्तित्व का ही सार है, वह शुद्ध चेतना है जो हमारे

शरीर और मन को सजीव बनाती है।

आत्मा, या आत्मन, को अक्सर दिव्य से अलग एक इकाई के रूप में देखा जाता है, जो भौतिक संसार के भ्रमों से बंधी हुई एक सीमित और व्यक्तिगत चेतना है। हालांकि, योगिक दर्शन के अनुसार, आत्मा दिव्य से अलग नहीं है, बल्कि इसका अविभाज्य हिस्सा है। व्यक्तिगत आत्मा महासागर में एक पानी की बूंद के समान है, जो अलग तो प्रतीत होती है, परंतु महासागर के व्यापकता से अलग नहीं है।

दिव्य के साथ शाश्वत एकता की यात्रा आत्म-खोज और आत्म-साक्षात्कार की प्रक्रिया है। यह हमारे दिव्य प्राणी की सच्ची प्रकृति को ढकने वाले संस्कारों, पहचान और आसक्तियों की परतों को हटाने की यात्रा है। यह हमारे अंदर की अंतर्निहित दिव्यता को जागृत करने, यह एहसास करने की यात्रा है कि हम दिव्य से अलग नहीं हैं, बल्कि इसके एक अभिव्यक्ति हैं।

यह आत्म-साक्षात्कार की यात्रा विभिन्न मार्गों के माध्यम से की जा सकती है, जैसे भक्ति योग (भक्ति का मार्ग), कर्म योग (निःस्वार्थ कर्म का मार्ग), ज्ञान योग (ज्ञान का मार्ग), और राज योग (ध्यान का मार्ग)। प्रत्येक मार्ग अपनी अनूठी दृष्टि प्रदान करता है, लेकिन सभी का अंतिम लक्ष्य एक ही है: हमारी सच्ची दिव्य प्रकृति का एहसास।

भक्ति योग, भक्ति का मार्ग, दिव्य के प्रति प्रेम और भक्ति को विकसित करने पर जोर देता है। इसमें हमारी इच्छाओं और आसक्तियों का समर्पण और अपने हृदय को दिव्य के असीम प्रेम और अनुग्रह के लिए खोलना शामिल है। प्रार्थना, जप और भक्ति अनुष्ठानों जैसे अभ्यासों के माध्यम से, हम दिव्य के साथ अपने संबंध को गहरा कर सकते हैं और निःस्वार्थ प्रेम का आनंद अनुभव कर सकते हैं।

कर्म योग, निःस्वार्थ कर्म का मार्ग, हमारे कर्तव्यों और जिम्मेदारियों को उनके फलों के प्रति आसक्ति के बिना करने के महत्व पर जोर देता है। निःस्वार्थ सेवा की भावना से कार्य करके, हम अपने हृदय और मन को शुद्ध कर सकते हैं, अहंकार की सीमाओं को पार कर सकते हैं, और अपने कार्यों को दिव्य इच्छा के अनुरूप कर सकते हैं।

ज्ञान योग, ज्ञान का मार्ग, बौद्धिक जांच, विवेक और चिंतन के माध्यम से आत्म-साक्षात्कार की खोज पर जोर देता है। इसमें हमारे विश्वासों और धारणाओं पर प्रश्न उठाना, हमारे अस्तित्व की गहराइयों में उतरना और अंततः इस अद्वैत सत्य का एहसास करना शामिल है कि आत्मा दिव्य से अलग नहीं है।

राज योग, ध्यान का राजसी मार्ग, आध्यात्मिक विकास के लिए एक व्यवस्थित और व्यापक दृष्टिकोण प्रदान करता है। इसमें योग के आठ अंग शामिल हैं: यम (नैतिक संयम), नियम (व्यक्तिगत पालन), आसन (शारीरिक मुद्राएँ), प्राणायाम (सांस नियंत्रण), प्रत्याहार (इंद्रियों का संवरण), धारणा (एकाग्रता), ध्यान (मेडिटेशन), और समाधि (अवशोषण)। इन अंगों के निरंतर अभ्यास के माध्यम से, हम धीरे-धीरे अपने मन और शरीर को शुद्ध कर सकते हैं, आंतरिक शांति और स्थिरता को विकसित कर सकते हैं, और अंततः समाधि की अवस्था प्राप्त कर सकते हैं, जहाँ व्यक्तिगत आत्मा सार्वभौमिक चेतना में विलीन हो जाती है।

दिव्य के साथ शाश्वत एकता की यात्रा हमेशा आसान नहीं होती। यह अक्सर चुनौतियों, असफलताओं और बाधाओं से भरी होती है। हालांकि, धैर्य, समर्पण, और एक योग्य शिक्षक के मार्गदर्शन के साथ, हम इन बाधाओं को पार कर सकते हैं और आत्म-साक्षात्कार के अपने मार्ग पर आगे बढ़ सकते हैं।

योग के मार्ग का अंतिम लक्ष्य जन्म और मृत्यु के चक्र से मुक्ति, जिसे मोक्ष कहा जाता है। मोक्ष केवल संसार से बचने की स्थिति नहीं है, बल्कि अहंकार की सीमाओं से पूर्ण स्वतंत्रता और मुक्ति की अवस्था है। यह शुद्ध चेतना की अवस्था है, जहाँ हम अपनी सच्ची दिव्य प्रकृति का एहसास करते हैं और दिव्य के साथ एकता का शाश्वत आनंद अनुभव करते हैं।

मोक्ष की ओर यात्रा आत्म-खोज और रूपांतरण की जीवन-पर्यन्त प्रक्रिया है। इसके लिए हमें अपनी आसक्तियों और इच्छाओं को छोड़ना, अपने मन और शरीर को शुद्ध करना, और प्रेम, करुणा, और ज्ञान को विकसित करना आवश्यक है। यह यात्रा साहस, धैर्य और दिव्य में अडिग विश्वास की माँग करती है।

जैसे-जैसे हम इस यात्रा पर आगे बढ़ते हैं, हमें अपने दिव्य प्राणी की सच्ची प्रकृति

की झलक मिल सकती है। हम एक गहरी शांति, आनंद और संपूर्ण सृष्टि के साथ जुड़ाव का अनुभव कर सकते हैं। हमें गहन अंतर्दृष्टि और स्पष्टता के क्षण मिल सकते हैं, जहाँ भ्रम का पर्दा उठता है और हम दुनिया को उसकी वास्तविकता में देख सकते हैं।

ये अनुभव क्षणिक होते हैं और लंबे समय तक नहीं रहते। हालांकि, ये हमें हमारी सच्ची क्षमता की याद दिलाते हैं और हमें आत्म-साक्षात्कार के मार्ग पर आगे बढ़ने के लिए प्रेरित करते हैं। ये मार्ग के संकेतक जैसे हैं, जो हमें सही दिशा में इंगित करते हैं और आश्वस्त करते हैं कि हम सही मार्ग पर हैं।

दिव्य के साथ शाश्वत एकता की यात्रा एक अकेली यात्रा नहीं है। हम सभी आपस में जुड़े हुए हैं, और हम एक-दूसरे के आध्यात्मिक मार्ग में सहायक हो सकते हैं। अपने अनुभवों, अंतर्दृष्टियों और चुनौतियों को साझा करके, हम एक सहायक और प्रोत्साहन देने वाला समुदाय बना सकते हैं। हम उनसे भी सीख सकते हैं जिन्होंने पहले यह यात्रा की है, उनके उदाहरण और मार्गदर्शन से प्रेरणा प्राप्त कर सकते हैं।

योग का मार्ग आत्म-साक्षात्कार की यात्रा पर हमें सहारा देने के लिए अभ्यासों और शिक्षाओं का एक समृद्ध और विविध संग्रह प्रदान करता है। चाहे हम भक्ति, कर्म, ज्ञान या ध्यान के मार्ग की ओर आकर्षित हों, हम ऐसे अभ्यास पा सकते हैं जो हमारी व्यक्तिगत आवश्यकताओं और आकांक्षाओं के साथ मेल खाते हों। इन अभ्यासों को अपने दैनिक जीवन में शामिल करके, हम अपने आप, दूसरों, और दिव्य के साथ गहरा संबंध बना सकते हैं।

"योग का अंतिम लक्ष्य केवल हमारे लिए आत्मज्ञान प्राप्त करना नहीं है; यह ज्ञान की रोशनी को दूसरों के साथ साझा करना है। प्रकाश और प्रेम के दीपक बनकर, हम अपने आस-पास के लोगों को प्रेरित कर सकते हैं और दुनिया में सकारात्मक बदलाव की लहर उत्पन्न कर सकते हैं।"

23

सारांश

योग की विशाल और जटिल परंपरा में, हमने इस प्राचीन अभ्यास के विविध आयामों का अन्वेषण किया है, इसके दार्शनिक आधार, नैतिक सिद्धांतों, शारीरिक मुद्राओं, श्वास नियंत्रण तकनीकों, ध्यान के अभ्यास, और आध्यात्मिक लक्ष्यों को समझा है। पतंजलि द्वारा योग सूत्रों में उल्लिखित योग के विभिन्न अंगों की यात्रा ने जीवन के प्रति एक समग्र और व्यापक दृष्टिकोण को प्रकट किया है, जो शरीर, मन और आत्मा को एकीकृत करता है।

हमने अपने अन्वेषण की शुरुआत यम और नियम से की, जो योगिक जीवन का आधार तैयार करते हैं। यम में अहिंसा, सत्य, अस्तेय, ब्रह्मचर्य, और अपरिग्रह शामिल हैं, जो हमारे बाहरी दुनिया के साथ संबंधों का मार्गदर्शन करते हैं और नैतिक आचरण को बढ़ावा देते हैं। नियम में शौच, संतोष, तप, स्वाध्याय, और ईश्वर प्राणिधान शामिल हैं, जो हमारे भीतर की ओर ध्यान केंद्रित करते हैं, व्यक्तिगत अनुशासन, आत्म-चिंतन, और आध्यात्मिक विकास को बढ़ावा देते हैं।

योग का शारीरिक अभ्यास, जिसे आसन कहा जाता है, केवल मुद्राओं की एक श्रृंखला नहीं है, बल्कि एक गतिशील ध्यान है जो शारीरिक स्वास्थ्य, मानसिक स्पष्टता और भावनात्मक संतुलन को बढ़ावा देता है। आसन के अभ्यास के माध्यम से, हम अपने शरीर को सुनना, जागरूकता को विकसित करना, और आंतरिक शक्ति और लचीलेपन से जुड़ना सीखते हैं।

प्राणायाम, श्वास नियंत्रण का अभ्यास, श्वास की शक्ति का उपयोग करके मन को शांत करने, भावनाओं को संतुलित करने, और हमारे भीतर सुप्त ऊर्जा को जागृत करने में सहायक है। विभिन्न तकनीकों, जैसे कि नाड़ी शोधन और उज्जयी श्वास के माध्यम से, हम अपनी श्वसन प्रणाली को बढ़ा सकते हैं, तनाव को कम कर सकते हैं, और गहरे ध्यान के लिए तैयार हो सकते हैं।

प्रत्याहार, इंद्रियों का संवरण, हमें भीतर की ओर ध्यान केंद्रित करने और बाहरी उत्तेजनाओं से खुद को अलग करने की अनुमति देता है। इस आंतरिक ध्यान को विकसित करके, हम अपने भीतर एक शांति का स्थान बना सकते हैं, जो गहरे ध्यान और आत्म-जागरूकता के लिए आवश्यक है।

धारणा, एकाग्रता का अभ्यास, मन को एक बिंदु पर केंद्रित करने का कार्य है, जिससे मन की एकाग्रता को बढ़ाकर गहरे ध्यान की अवस्थाओं के लिए तैयार किया जाता है।

ध्यान, या ध्यान, एकाग्रता का अनवरत प्रवाह है, जहाँ मन ध्यान की वस्तु में समाहित हो जाता है। ध्यान के माध्यम से, हम आंतरिक शांति, स्पष्टता और अंतर्दृष्टि को विकसित कर सकते हैं, और अंततः ब्रह्मांड के साथ एकता की भावना का अनुभव कर सकते हैं।

समाधि, योग मार्ग का चरम, परम सत्य के साथ एकत्रित एकता की अवस्था है, जहाँ व्यक्तिगत आत्मा सार्वभौमिक चेतना में विलीन हो जाती है। इस शुद्ध आनंद और मुक्ति की अवस्था में, हम अहंकार की सीमाओं को पार करते हैं और अपनी सच्ची दिव्य प्रकृति का एहसास करते हैं।

चक्र, शरीर के ऊर्जा केंद्र, हमारे शारीरिक, मानसिक, भावनात्मक, और आध्यात्मिक कल्याण में महत्वपूर्ण भूमिका निभाते हैं। विभिन्न अभ्यासों जैसे योग, ध्यान, और ऊर्जा उपचार के माध्यम से चक्रों को संतुलित और संरेखित करके, हम स्वास्थ्य, ऊर्जा, और आध्यात्मिक विकास को बढ़ावा दे सकते हैं।

कुंडलिनी जागरण, सुप्त आध्यात्मिक ऊर्जा का जागरण, एक रूपांतरणकारी प्रक्रिया है जो गहन आध्यात्मिक अनुभवों और आत्म-साक्षात्कार की ओर ले

जा सकती है। योग, ध्यान, और प्राणायाम जैसे अभ्यासों में संलग्न होकर, हम इस शक्तिशाली जागरण के लिए खुद को तैयार कर सकते हैं और इसकी रूपांतरणकारी ऊर्जा का उपयोग कर सकते हैं।

मंत्र, पवित्र ध्वनियों का जप, आंतरिक रूपांतरण के लिए एक शक्तिशाली साधन है। मंत्रों का जप करके, हम मन को शुद्ध कर सकते हैं, दिव्य से जुड़ सकते हैं, और अपनी आध्यात्मिक क्षमता को जागृत कर सकते हैं।

भक्ति योग, भक्ति का मार्ग, दिव्य के प्रति प्रेम और भक्ति को विकसित करने पर जोर देता है। प्रार्थना, जप और भक्ति अनुष्ठानों के माध्यम से, हम दिव्य के साथ अपने संबंध को गहरा कर सकते हैं और निःस्वार्थ प्रेम का आनंद अनुभव कर सकते हैं।

कर्म योग, निःस्वार्थ कर्म का मार्ग, हमें हमारे कर्तव्यों और जिम्मेदारियों को उनके फलों के प्रति आसक्ति के बिना करने के लिए प्रेरित करता है। निःस्वार्थ सेवा की भावना से कार्य करके, हम अपने हृदय और मन को शुद्ध कर सकते हैं, अहंकार की सीमाओं को पार कर सकते हैं, और समाज की भलाई में योगदान कर सकते हैं।

ज्ञान योग, ज्ञान का मार्ग, बौद्धिक जिज्ञासा, विवेक और चिंतन के माध्यम से आत्म-साक्षात्कार की खोज पर जोर देता है। अपने विश्वासों और धारणाओं पर प्रश्न उठाकर, हम अपने अस्तित्व की गहराइयों में उतर सकते हैं और इस अद्वैत सत्य का एहसास कर सकते हैं कि आत्मा दिव्य से अलग नहीं है।

राज योग, ध्यान का राजसी मार्ग, आध्यात्मिक विकास के लिए एक व्यवस्थित और व्यापक दृष्टिकोण प्रस्तुत करता है, जो समाधि, या दिव्य के साथ एकता के अंतिम लक्ष्य तक पहुँचाता है।

तंत्र योग, जीवन के संपूर्ण स्वरूप को अपनाने वाला मार्ग, हमारे अस्तित्व के शारीरिक, मानसिक, भावनात्मक और आध्यात्मिक आयामों को एकीकृत करने वाला एक अनूठा दृष्टिकोण प्रदान करता है। अस्तित्व के द्वैत को अपनाकर और विरोधाभासों के संयोग के माध्यम से सीमाओं को पार करने का प्रयास करके, हम

अपनी सुप्त ऊर्जा को जागृत कर सकते हैं और अपनी सच्ची दिव्य प्रकृति का एहसास कर सकते हैं।

दैनिक जीवन में योग को शामिल करना केवल विशेष तकनीकों का अभ्यास करना नहीं है, बल्कि हमारे विचारों, शब्दों, और कार्यों में योगिक सिद्धांतों को अपनाने के बारे में है। सजगता, जागरूकता, और करुणा को विकसित करके, हम अपने और दूसरों के लिए एक अधिक सामंजस्यपूर्ण और पूर्ण जीवन बना सकते हैं।

जैसे-जैसे हम आत्म-खोज और आध्यात्मिक विकास की अपनी यात्रा पर आगे बढ़ते हैं, हमें बाधाओं और चुनौतियों का सामना करना अवश्य पड़ेगा। हालांकि, सहनशीलता, धैर्य, और दिव्य में विश्वास को विकसित करके, हम इन बाधाओं को पार कर सकते हैं और आत्म-साक्षात्कार के अपने मार्ग पर आगे बढ़ सकते हैं।

योग का अंतिम लक्ष्य हमारी सच्ची दिव्य प्रकृति का एहसास करना और दिव्य के साथ शाश्वत एकता है। योग की शिक्षाओं और अभ्यासों को अपनाकर, हम अपने भीतर विद्यमान असीम संभावनाओं को जागृत कर सकते हैं और अधिक शांति, आनंद, और पूर्णता का जीवन जी सकते हैं।

उद्धरण और संदर्भ

यह पुस्तक व्यापक अनुसंधान और सूक्ष्म विश्लेषण का परिणाम है, जिसमें विभिन्न स्रोतों जैसे अनेक पुस्तकों, विद्वानों के अध्ययन और व्यक्तिगत अनुभवों को सम्मिलित किया गया है। इसके अतिरिक्त, मैंने इस कार्य को संकलित करने के लिए प्रासंगिक जानकारी और आंकड़े जुटाने हेतु विभिन्न वेबसाइटों की भी खोज की है। मैंने प्रस्तुत जानकारी की सटीकता सुनिश्चित करने के लिए हर संभव प्रयास किया है और सभी स्रोतों का विधिपूर्वक उल्लेख किया है ताकि उनके योगदान को सम्मानित किया जा सके।

इन प्रयासों के बावजूद, अनजाने में त्रुटियाँ होने की संभावना बनी रहती है। मैं अपने पाठकों के विचारों को अत्यधिक महत्व देता हूँ और किसी भी ऐसी त्रुटि की पहचान करने और उसे सुधारने के लिए आपके फीडबैक का स्वागत करता हूँ। मैं आपसे आग्रह करता हूँ कि किसी भी प्रकार की विसंगतियों को मेरी जानकारी में लाएँ।

आपका फीडबैक न केवल स्वागत योग्य है बल्कि अत्यावश्यक भी है, क्योंकि यह वर्तमान संस्करण में सुधार लाने और भविष्य के संस्करणों की सामग्री को और बेहतर बनाने में मदद करेगा। मैं अपनी कृतियों में उच्चतम स्तर की सटीकता और विश्वसनीयता बनाए रखने के प्रति प्रतिबद्ध हूँ और आपके समर्थन और समझ के लिए धन्यवाद देता हूँ।

इसके अतिरिक्त, मैं संविधान के अनुच्छेद 19(1)(क) के तहत गारंटीकृत अभिव्यक्ति की स्वतंत्रता के सिद्धांत का दृढ़ता से पालन करती हूँ और अपने सभी पाठकों के विविध दृष्टिकोणों और अभिव्यक्तियों का सम्मान करता हूँ।

Other Books Of The Author

1. Empowering Minds: A Journey into Women's Self-Discovery and Power
2. The Dynamics of Motivation: Catalyzing Thought into Action
3. Meditation and Mental Well Being: The Path to Inner Peace and Clarity
4. The Psychology of Child Education: Nurturing Future Generations
5. Ethical Enlightenment: A Modern Guide to Living with Integrity
6. Voices of Empowerment: Stories of Women Rising Against Odds
7. Social Psychology in Everyday Life: Understanding Human Connections
8. The Essence of Motivational Speaking: Inspiring Change in Others
9. Balancing Acts: Women, Work, and the Will to Lead
10. Guiding with Grace: Raising Children with Compassion and Awareness
11. The Power of Positive Aging: Embracing Life After Fifty
12. Building Resilient Communities: Social Work in Action
13. The Ethical Educator: Principles for Teaching and Learning
14. Innovative solutions for Social Change: The Role of Social Psychology for crafting a Better World
15. The Ethics of Empathy: A Guide to Ethical Living
16. The Science of Empowering the Self: Navigating Life's Challenges with Psychological Wisdom
17. The Mindful Conscious Leader: Meditation Techniques for Modern Management
18. Pioneering Spirit: Women's Pathways to Leadership and Empowerment
19. Feeling to Healing: The Role of Emotional Intelligence in Child Development
20. Transformative Talks and Words of Inspiration: Insights into

❧

Contact

Dr. Minakshi Bansal
Social Activist
Ahmedabad, Gujarat, Bharat
dhanyamfoundation@gmail.com

|| LOKAHA SAMASTHAHA SUKHINO BHAVANTU ||

• 149 •